9条論

9条論に依存しない

13条論で
世代間ギャップを
乗り越える

自衛隊を活かす会
柳澤協二
九条の会
伊藤　真
市民連合
中野晃一

かもがわ出版

はじめに

柳澤協二

ウクライナ戦争が始まって、国民の憲法意識は変化しています。世論調査によれば、憲法九条をこれまで戦争に巻き込まれなかった要因として評価する一方、過半数の国民は、このままでは日本の防衛に支障があるのではないか、と考えています。戦争を目の当たりにして戦争を心配するのは当然の心情です。

こういう時代だからこそ、「日本だけは九条を守っていこう」という心情もわかりますし、「戦争になっても困らないようにしたい」という心情もわかります。しかし、九条を守ったとしても他国が始める戦争を防げるわけではないし、九条を変えれば戦争を防げるかと言えば、やはり他国の戦争を防げない。

憲法以前に、他国の領土・主権を侵してはいけないという国連憲章が脅かされています。九条だけを論じても、それは日本のことなので、答えが見つからないのは当然だと思います。

戦争を起こすのは、その能力を持った大国です。米中・米ロといった大国間の相互不信が高まり、大国が国連憲章を守ろうとしない現状こそが、今日世界の最大の戦争要因です。日本のような大国ではない国が、それに武力だけで対抗することはできません。

侵略に抵抗する防衛力を持ちつつも他国に脅威を与えず、ミサイルの撃ち合いに拡大させず、他国の戦争に巻き込まれない「専守防衛」の基本姿勢を崩すべきではない。そのうえで、戦争に反対する国際世論を高め、有事を未然に防ぐ対話の道を諦めてはいけない。それが、戦争に関する私の立場です。

今日の防衛論議は、もっぱら力による抑止に偏重し、どこまで行っても安心が持てない閉塞感があります。大事なことは、日本が戦争に巻き込まれないための具体策を論じることだと思います。

もう一つ、ウクライナ戦争以前から感じていたのは、護憲を目指す方々の高齢化です。「孫子の代に平和な日本を残したい」という声が聞かれます。しかし、私たちに残された時間は限られています。日本の進路は、これから日本を背負う世代が自分で考え、選択しなければなりません。彼らに何を伝えていくのか、それが八〇年間戦争がない時代を生きてきた私たち高齢者の課題だと思います。

護憲を目指す多くの方々の悩みはそこにあります。改憲やむなしと考える方々も、戦争したいわけではない。そこを出発点にして、分断ではなく、日本の国家像についての新たな合意点を見つけていきたい。それが、次世代に残す最大の贈り物だと思います。

第三部

第一部　鼎談、冒頭発言：

「九条を守れ」が、通じない時代に新たな模索を

I

九条にとどまらない憲法の意味を考える必要性

柳澤協二

世代間ギャップのこと

お忙しいところ伊藤さん、中野さんに来ていただいて、ありがとうございます。私は九条の会などに呼ばれてお話しをする時にも感じるのですけれど、まず聞きにくる人たちがすごく高齢化しているのです。ごく稀に若い人もいるとはいえ、だいたいは私の方が若いくらいの聴衆の中で、「若い人にどうアプローチしたらいいのだろう」という質問を受けることがあるのですが、「そんなことが分かれば誰も苦労しませんよ」としか答えようがないのです。どうも運動が高齢者で止まってしまっているこの現象はいったい何なのだろうと思ってしまう。私は九条の会でお話しする時は、あえて「九条を守れというスローガンが若者には通じない時代です。そこで何を考えていくのかを一緒に悩んでいかなければばなりませんね」ということを締めくくりにするのですが、世代の問題は結構あると思っているのです。

私は戦後世代です。昭和二一（一九四六）年生まれですから、直接の戦争体験はまったくありません。当時親も存命で、だから私が生まれたのですが、あまり身近な戦争体験はない。ただ、子どものころに空襲の跡などは目にしながら、自分が大きくなるにつれ街が復興していくような少年時代を過ごしてきたのです。また、日本自体も高度成長期に入っていく。私はその中で国家公務員になり防衛庁に入るのですが、国家公務員は民間の同期と比べると、初任給は大変安かったとはいえ、毎年ベースアップがありました。周りがそういう雰囲気の中で、戦後すぐの闇市の時代のような時でも、私の親たちは結構前向きにたくましく頑張って生きていたと感じるのです。世の中全体がそういう流れの中にいた。そして、自分がどんどん社会人になって年を経るにつれても、毎年給料が上がっていく。仕事もきつくなるけれど、給料もよくなる。つまり、日本社会はみんなが頑張ればみんながよくなる社会なのだという感じが受け入れられていたのです。それはいったい何かというと、憲法があって、私は防衛官僚ですから憲法と同時に日米安保体制というものがあって、日本が戦争になることがなかった、平和であるがゆえに頑張ればよくなる社会があった。

それは私の世代の成功体験なのです。つまり、憲法九条がわれわれ世代にとっては成功体験として染みついている部分がある。実は、改憲派の人、抑止力を重視する人たちにとっても、「日米安保で守られていた」という成功体験があるわけです。どうもその成功体験に引きずられている部分があるのではないか。

翻って私の子どもの世代を見てみると、「今頑張れば明日はよくなるから、お父さん、お母さんの時代のようにあなたたちも頑張りなさい」と言っても、「明日がよくなるわけないじゃん」とみんな思うわけです。私の子どもの世代は「ロスト・ジェネレーション」といわれ、バブルが崩壊して就職氷河期の時代でもあったのです。われわれは憲法や安保も含めて守られている実感を持てる世代だったけれど、私の子どもの世代は結局誰も守ってくれない思いの方が強いわけです。だから、彼らからすると、今、例えば九条の会などで高齢者が頑張っているのを見ると、「結局、生活に余裕のあるお年寄りだからああいうことができるんだよね」とか、「あの人たちは一応の年金もあるし、基本的に食うには困っていないし、時間もたっぷりある。私たちなんか生きるのに精一杯で、そんなことを考えている暇なんかないんだよ」という、むしろ反発のような感じすらあります。時々私と議論してくれる国際政治の専門家、私より一世代若い人ですが、彼などは中学・高校のころの社会科の先生がたぶん護憲派で、強圧的な人だったという感じがするのです。そういうものへの反発みたいなものも一つの大きな動機になっているような感じがします。この世代ギャップの問題は、同じ事実認識から違う結論になるという意味で、非常に大きな意味があるのではないかと思っているのです。

ついでに言うと、私たちは社会人になった時に、戦争を体験された世代が上司・先輩でした。この人たちは戦争だけは二度としてはいけないということを原点に持っていたと思います。田中角栄首相が「戦争を経験したやつらが生きているうちはいいけれど、こういう人たちがいなくなった後が危ない」と言ったように、今まさにそういう時代になっているわけです。私が社会人になってからずっと見てきた上司や先輩は、だいたい戦争を体験した世代で、どういう日本をつくらなければいけないかというイメージをある程度持っていたように思うのです。そういう人たちの後ろにくっついて私たちは生きてきたのですが、ではわれわれ戦後世代自身にとって自分のオリジナルはいったい何かが、実はよく分からないところがあるのです。戦争体験を語れるわけでもない。ではどういう国にすべきだというのも、実は自分のオリジナルを持っていない。上の世代からの受け売りのようなものになる。

さらに言えば、私の場合は個人的なことなのですが、高校卒業同期に菅直人がいて、大学入学同期に鳩山由紀夫がいるわけです。私の同世代が国を背負うと、うまくいかない。もちろん、彼らだけの責任ではないけれど、これはいったい何なのかと、ずっと考えさせられています。何と言ったらいいのか、世代としての確信的な自己を確立できなかったように思えて仕方ないのです。それを今からでも作らなければいけない。世代論としてはそういう時代にきているのではないかということです。

憲法と自衛隊

戦後日本は、いわゆる「吉田ドクトリン」の下で、軽武装で経済復興を優先する選択をしました。その背景には、吉田茂という人は、彼自身の体験からいって、強烈な反軍思想の持ち主だった。防衛大学校の学生には、やがて国軍を作るという思いを語っていますが、それは戦前の軍隊とは全然違うものを想定したはずです。そういう中で、警察予備隊が日本独立後に保安隊・自衛隊となり、自衛隊と憲法の整合性をめぐる対立が五五年体制の下で繰り広げられていきます。そこで到達した一応の合意点は、「必要最小限度の実力は合憲」ということだったと思います。

一方で、もう一つ戦後日本の政治にとって大きな要素は、対米自立という思いが、戦中世代の人たちには、右の人であれ左の人であれ、ある程度共有されていたように思います。従属の象徴になるのは在日米軍基地で、本土にも東京周辺にもたくさんあったわけです。ところがそれがどんどん沖縄に集約されていく。そして最終的には沖縄が返還される。私は、沖縄が返ってきたことで、日本の政治の一つの要因であった反米ナショナリズムが失われていった状況があったと思います。

他方、それまでは全方位外交と言いますか、日米安保体制を基軸として、敵をつくらない外交と抑制された防衛力の整備を基本方針として持っていたわけですが、冷戦の激化の中で、中曾根政権時代に、日本を西側の一員と位置づけ、日本の防衛力の役割を、ソ連艦隊が太平洋に進出するのを抑え込むこととして、アメリカの軍事戦略の中に組み込むことになります。東西冷戦の中で明確な外交的・軍事的な立ち位置を決めるものでした。それでも、自衛隊の役割はあくまで日本列島と周辺海域の防衛です。

その後の日本経済は九〇年代初めにピークを迎え、バブル崩壊でピークアウトしていくのですが、そのプロセスの中でアメリカ型の新自由主義をどんどん取り入れるような形で、もう一度アメリカモデルに回帰していくような流れがありました。そして、冷戦が終わって、共通の敵がいなくなったことで、自衛隊や日米同盟の存在が問われる状況も生まれる中で、ＰＫＯへの「人的貢献」という問題意識があり、また、北朝鮮の核危機を契機に、自衛隊による米軍支援の必要性が認識されたことで、「非戦闘地域における米軍への後方支援」という対米支援の枠組みが考案された。初めて自衛隊が、日本防衛ではなく海外に向けて出ていく時代になっていくのです。その中で、何を憲法との整合性のよりどころにしたかというと、それまでは海外派兵しないという基準があったけれども、自衛隊が海外に派遣された場合もアメリカ軍の戦闘行為とは一線を画す、一体化しないという考え方を打ち出した。それのギリギリのところがイラク派遣であったように思うのです。

海外派遣や国際貢献に反対する動きに対しては、一国平和主義、日本だけ平和ならいいのか、というような批判が寄せられています。一方、イラク・アフガニスタンにおける対テロ戦争の中でアメリカが政権を破壊して日本や欧州が再建するという同盟モデルができ、「日米は最良の関係」と言われることになる。やがてアメリカはイラクからの撤退を決めて、対テロ戦争が下火になると、この同盟モデルも通用しなくなる。かたや中国がどんどん強国として登場してくる状況があった。おりしも日本では尖閣列島をめぐる中国との確執があり、一気に反中感情が高まってくることになります。結局、ここで見えるのは、反米ナショナリズムがなくなり、そこで代わりに日本の左右の政治のモメンタムとして出てきているのが、対中コンプレックスだと思います。かつて貧しい中国を、過去の歴史への贖罪意識もあって支援してやったのに今や大きな力をつけていることが気に入らないわけですね。一方、中国には歴史に起因する対日ルサンチマンが存在している。そうした心理的要因があって、なかなか解けない感情的対立関係が生まれていると思います。とくに尖閣列島をめぐって中国脅威論が日本でも大きくなっていったわけです。そして、安倍政権の時に、まさに対中脅威論に対応する形で、集団的自衛権の一部容認がなされ、あるいは米艦船の防護などを盛り込んだ新安保法制による日米の軍事的一体化が目指されることになりました。

ここで何が問題かというと、私が防衛官僚としてずっと考えてきたのは――法制局長官だった大森政輔先生のお立場ですが――、アメリカの戦争と一体化しない、軍事的一体化を避けるということを、最後のよりどころにすることでした。それが取り払われてしまうということは、これまでは心理的なものであっても憲法の歯止めが何処かで意識されていたものが、まったくなくなってしまったというのが実感です。それが、今の現実ではないかと思うのです。

アメリカ頼みの行きつくところ

戦後日本の安全保障政策には、アメリカに頼ってきたから平和だったという成功体験があって、本来選択肢であるはずの日米同盟の維持が政策目的になってしまった。いま、国際情勢は大きく変わったのですが、ほかの選択肢がないという発想から抜け出せない。米中対立の中で、アメリカの力に限界があるなら日本がもっとやらなければ、という発想からすれば、日米の一体化は当然の帰結になります。それが憲法に違反しているからダメだと言えば、じゃあ憲法を変えればいい。憲法と安全とどちらが大事か、という議論につながっていくのだろうと思います。

他方、米ソの相互核抑止が効いていた冷戦時代と違って、米中がひとたび戦えば日本が無傷ではいられない。米中の戦争に巻き込まれる心配も出てきたのが今日の大きな変化です。だから、アメリカとの一体化は安全につながらない。そういうリアリティーの議論が必要になっていると思います。

今、憲法はそういう状況まできている。現実に安保法制ができて以降も、かろうじて海外で自衛隊が一発の弾もまだ撃っていないから、あるいは中国との関係でまだ具体的に戦闘に関わるようなことをしていないから、憲法はまだギリギリの現実として首の皮一枚つながっている状況なのだと思います。

新たな戦争不安の時代

しかしそこへきて、ウクライナ戦争が始まり、あるいはガザでの戦争も起こりました。私の現役官僚時代は戦争になるかもしれないという不安はあまり感じたことはなかったのです。ソ連が攻めてくるなどということは、本気では心配していませんでした。なぜならアメリカとソ連との間の相互抑止関係が非常に安定していたわけで、だからアメリカにくっついていけば結果としてソ連が攻めてくるような状況にはならないだろうという一種の常識があった。けれども、ウクライナ戦争によって、そうした常識が通用しない時代になった。現実に戦争が起こっているのを見て、国民が戦争の不安を感じるというのは、やむを得ないこと、当然のことだと思います。

その不安に対して、いったいどういう政策を出していくのかが、今問われているわけです。そこで政府は、同盟強化、防衛力増強、とくに敵基地攻撃という、戦争に備えるような方針をとり、世論の受け止め方としては、「やられたらやり返すのは当たり前」というレベルで、支持する意見が多い。けれども、戦争って本当はどんなことなのかと考えると、実際には多くの人が死ぬわけです。そして、今まで通りの生活などできなくなるわけで、戦争によってどういう損害・被害があり、戦後にどういう世界が待っているのか、リアリティをもって認識されていない。例えば麻生太郎元総理が「戦争を覚悟しなければ抑止力にならない」と言う。その通りで、戦争を覚悟しない抑止力などありえないのだけれど、その「覚悟」とは、誰が何を覚悟するのか、誰も語ろうとしない。

政治家も国民も、戦争というのは弾が飛んでくることなのだとは考えていない。こちらが弾を撃つことしか考えていないのです。新安保法制で自衛隊の武器使用権限が拡大されましたが、武器を使えば安全になるような答弁があって、実際にはこちらが武器を使えば相手が数倍で撃ち返してくるという認識がない。そういう戦争の実感、リアリティをもって語っていない。護憲派の人も、日本など原発をやられたらいっぺんに負けてしまうのだから、戦争などできっこないみたいな形で、乱暴に片づけてしまう。実際に戦争になれば、原発を破壊されても、頑張ってしまうかもしれない。あるいは、核攻撃の脅しを受けたら降参するしかないことになる。護憲派の方も戦争のリアリティを持った議論ができないのではないかと思うのです。

昔の戦争を体験した人たちが政治の舞台からいなくなり、「戦争だけはまずいよ」という時代精神がなくなって、戦争は心配だから、戦争になっても困らないように用意しなければいけないという時代精神。やられたらやり返さなければいけないという時代精神が、今の政治の主流を形づくっているのではないかという感じがします。

九条にとどまらない憲法の意味

今、我々の目の前で悲惨な戦争があります。一方で日本国憲法は、こうした時代を考える指針としてまだまだ多くのメッセージを含んでいると思います。

まず、憲法九条についてお話しすると、「国際平和を誠実に希求し、国権の発動たる戦争」や「武力による威嚇」を放棄するところはいいのですが、九条は、「日本国民は、正義と秩序を基調とする国際平和を誠実に希求し」というところから始まるわけです。では、「正義と秩序」とはいったい何なのか。

アメリカがウクライナを侵略したロシアを批判するときに使っている言葉なのです。それはアメリカを中心とした「連合国」の正義であり、アメリカが主導する秩序が国際平和の根源であることを、当時の敗戦国日本が受け入れたのです。今、それが崩されている。ウクライナ以前からアメリカは、ベトナム戦争も対テロ戦争も、この「正義と秩序」の名のもとに戦ってきました。したがって、九条を語るとき、「正義と秩序」の部分を抽象的に読むのではなく、アメリカとは違う概念を持たなければならないはずです。正義とは何か、まさに正義がぶつかり合うから戦争が生まれるわけなので、そのへんをもっと考えて答えを出していかなければいけない。

戦争の時代だからこそ、みんなが憲法九条を守ればいいではないかという議論もあります。その通りなのだけれど、日本国憲法九条は日本の政府を縛るものであって、外国政府を縛るわけではない。「そういうことを守らないヤツがいるから力が必要なのだ」という議論の方が分かりやすい側面もあります。ここでは、どうすれば外国を動かす力になるのかという、その答えを考えていかなければいけないと思うのです。

そこで、ウクライナ戦争、ガザ戦争を通じて見えてきた希望は、国際世論が非常に高まってきているることです。戦争非難の決議に一四一か国が賛成しているわけです。グローバルサウスと呼ばれる国々が停戦の仲介をしています。ウクライナ戦争が起こった時に憲法の前文を読み返してみてとてもいいと思ったのが、「いづれの国家も、自国のことのみに専念して他国を無視してはならない」という部分です。続けて、この「政治道徳は普遍的なもの」と言っている。まさにそれに反しているから、われわれはロシアを非難しているのだし、何とか終わらせなければならないという思いになっているのではないか。

もう一つ言えば、武力だけで戦争を止められないとすると、武力以外にいかなる手段があるかを考えなければいけない。その時に、九条というよりは、憲法前文に書かれた理想・理念をもう一回考えてみる。それは、国際世論を動かしていく力になるのではないかと思うのです。ガザ戦争にしても、国同士の、今までの伝統的な論理で言えば、「テロリストは殲滅しなければいけない」とか、「イスラエルの自衛権は保障されなければいけない」という主張があります。しかし、あれは本当に国同士の争いなのかというと、そこは違うでしょう。あれだけパレスチナ人が追いつめられて生活できない状態に置かれていることを考えなければいけない。そうだとすると、これを解決する時に、憲法前文にある「**われらは、全世界の国民が、ひとしく恐怖と欠乏から免かれ、平和のうちに生存する権利を有することを確認する**」という理念が、まさにこれにピッタリ合ってくることになるのだろう。

ではそのためにいったい何をしていったらいいのかが、護憲派の課題にならなければいけないと思います。ガザ戦争でも、停戦決議に一二一か国が賛成しています。ウクライナだってガザだって、圧倒的な国際世論がそちらを向いているということだと思うのです。まさに戦争を体験し、原爆を経験した日本だからこそ、国際世論を引っ張っていくスタンスをとっていく必要があると思うのですが、そこのところがまったく今の政策では出てこないのです。我々は、政府にどういう行動を求めていくのかを、具体的に考えていく必要がある。これが国際世論を動かしていく力になっていけば、まさに武力によらない安全保障、憲法の精神を生かした戦争回避につながっていくはずです。護憲とは、条文を守ることではなく、行動の指針として憲法を生かすことです。

戦後世代としての課題

私がもう一つ感じるのは、私を含む戦後世代は、戦争の体験がない中で、若い人たちに何を伝えていくかという課題です。憲法を守らなければいけないとか、戦争をしてはいけない、と結論だけ伝えてもダメなので、そこに自分が一人の市民、人間として感じる悩みや葛藤を共有していく姿勢が必要ではないかということです。ウクライナの人たちも「かわいそう」という視線では寄り添えない。この人たちは最後まで戦いたいと思っている。あるいはガザの人たちも、とにかく戦争をやめてほしいけれど、何とかまっとうな生活を送りたいと思っている。そういう人たちに一人の人間としてどのように共感するのか、できることは限られている中で、自分が納得いくような答えは何なのか、それを考えていくことが必要なのではないか。自分がのほほんと生きていることへの罪悪感のようなものがあるかもしれない。「こんなひどいことをしやがって」という怒りはあるかもしれない。あるいは、明日はわがことという恐怖もあるかもしれない。私は恐怖、怒りや憎悪という他者に対抗的に出てくる本能ではなく、むしろ一人の人間としての共感力をどのように自分で見出していくか。それを自分の中で腑に落ちるまで考えることが大事だと感じます。なぜかというと、それが誰にも論破できない一番大事な原点になるからです。「だから」戦争をしてはいけないという原点ですね。では戦争をしないためにどうするのかが、次に課題になってくる。その中で、憲法や憲法の理念をどう考えていくかの議論になってくる。

考えてみれば、戦争世代は、そういう経験を経て今の憲法を受け入れたわけです。戦後世代は、そういう葛藤の自分の中での歴史を抜きにして、単に結論だけを受け入れている弱さがあったのではないかと思っています。

戦争とは、国家が、政治目的達成のために選択した手段であって、他方で、その政治を誰が選択するかというと、主権者としての国民が選択するのです。だから主権者である国民として、何を自分の原点に持つかが大事なので、そこは分かったような顔をしないで、チャンスがあるかどうかは別として、若者と虚心坦懐に一緒に考えていくことができるテーマなのだろうと思っています。

護憲の訴え方

もう一つ、護憲を貫くためには政治的な多数を占めなければいけないという課題を考えると、護憲派は、自衛隊に同情的な人とも一緒にやらないと多数は取れないことを自覚しなければならないことです。自衛隊の存在に反対という人はそんなにはいないとは思うのですが、護憲派は、何かよそのものような感じで自衛隊のことを知らずに批判する部分はある。そして、護憲派と自衛隊に同情的な人とが、どこに共通点を見いだせるかといえば、自衛隊賛成の人だって、あるいは自衛隊自身だって、戦争をしたいわけではないということです。戦争を望んでいないというところに共通項を見出していかなければいけない。

離島で自衛隊を受け入れるかどうかで住民の意見が対立するのですが、考えなければいけないのは、自分たちが誘致して来てもらった自衛隊が、いざ有事になって真っ先に標的になって犠牲になる。それをあなたたちは望んでいるのですかということです。自衛隊を誘致した人たちだって、それを望んではいないはずなので、自衛隊＝戦争する人ではなく、自衛隊＝戦争の被害者という視点も必要ではないかと思うのです。戦争を起こすのは、政治なのですから。

これは逆説的なのだけれど、今の憲法をめぐる状況の中では、自衛隊の存在を前提に、自衛隊員の命を守ることが護憲につながるような状況になっているところも——とくに敵基地攻撃のようなことを考えると——、存在するのです。そこを受け止めて、自衛隊賛成派の人たちとの共通項も見つけていかなければいけないのではないか。

そんなことをしたら、自衛隊の存在を明記する改憲論に乗っかってしまうではないか、という心配もある。その改憲論は、「違憲だと言う人がいるから憲法に根拠を明記しなければ自衛隊が可哀そう」ということなので、ほとんどの人が自衛隊を支持しているのだから改憲の必要はないとも言える。大事なことは、戦争に巻き込まれないためにどうするかを考えることなのであって、はじめから自衛隊賛成派とは手を組めないと門戸を閉ざしてしまうと、かえって護憲の目的が達成できないのではないか。その意味で、護憲の訴え方を改めて考えていかなければいけないのではないかと思っています。

II

転換期をどう捉え、どんな生き方を選択するのか

中野晃一

七〇年代生まれの私でも分かること

世代論でいうと、私は柳澤さんのお子さんより少し年上の一九七〇年生まれで、伊藤先生が伊藤塾を立ち上げたころに初期の生徒としていてもおかしくなかったような世代です。日本ではわりと珍しく、文学部哲学科出身で法学部に通ったことがない政治学者ですので、伊藤塾に通うことにはなりませんでしたが。

私自身は戦後の「成功体験」のとても恵まれたケースだと思っています。親は戦時中に生まれた世代で、親からは小さかった時の戦争のことについて、あまり覚えていないけれども、どれだけ大変だったのかは聞いていました。もう少し年配の方には当たり前過ぎてピンとこない点かもしれないのですが、私みたいに一九七〇年に生まれた人間でも、新宿駅西口に傷痍《しょうい》軍人が物乞いをしていたことや、

あるいはやたらとアニメに「みなしご」の設定が多かったり、中国残留孤児の人たちの再会事業のことなど、はっきり覚えています。

今のような戦争の時代に入って、若い人たちにまず伝えなければいけないと思っているのは、とにかく戦争を始めてはダメだということは、一九七〇年生まれの私でも分かるということです。私自身、戦後世代とは言い切れない年齢ですが、それでも今紹介した体験のように、あれだけの破壊や殺害をやってしまうと、戦争は終わった瞬間には終わらず、その後どれだけ苦しみが続くのかは知っている。今のガザやウクライナにしても、持続的な停戦ができたとしても、その後も大変なことなのです。

そういう世代で生まれて、日本の高度経済成長の中で、私は子どものころに一九七〇年代に二回、父親の仕事の関係で当時の西ヨーロッパのフランスとスイス（ジュネーブ）に住んでいて、差別をされたり、いろいろ経験しました。それでも日本が復興していき、憲法の下での民主主義国家となり、世界にもう一度注目されていくのを見ていました。父親は電電公社に勤務していて、どちらかというと公務員に近かったのですが、民営化されてバブルの流れが感じられたのは私が大学生になった以降のことでした。

そういう中で育ったので、一九九〇年代のバブル崩壊の後に強く感じてきたのは、日本はどこで曲がり角を間違えたのだろうということです。冷戦の時代、防衛官僚をされていた柳澤さんのような方であれば戦争が起きないという確証に近いものをお持ちだったかもしれませんが、私はスイスにも住んでいたので、核シェルターがマンションの地下にあったりする中に暮らしていて、怖かったという感覚を持っています。あのころ冷戦が終わって、そういうことをもう心配しなくてよくなったと思った時に、これからどんな素晴らしい時代がくるのだろうと思っていました。九〇年代に再度イギリスとアメリカに留学をして、しばらく日本から離れていたのですが、日本に戻ってきて九〇年代の終わりから、大学で教え始めたころに小泉政権ができたり、9・11があったりしました。ヘイトや歴史修正主義を目の当たりにして、日本はどうしちゃったのか、世界はどうしちゃったのかという感覚でした。それが私が政治学者として研究をすることに影響を与え、今に至っています。

心配すべきは「ネオリベ的冷笑」

転換期はいくつかあったと思うのです。新自由主義転換がかなり大きくて、その中で、弱者を見捨てたり、弱肉強食がよいという新たな現実がつくられてくるだけではなく、それが規範化されていく。ロシアのウクライナ侵攻も衝撃だったのですが、イラク戦争、対テロ戦争という国際法違反の大義のない戦争を、国際秩序の盟主であったはずのアメリカがやるということが、私としても大きな衝撃でした。その中でわれわれはどう生きるかを考えざるを得なかった。

先ほど柳澤さんがおっしゃった戦後日本の安全保障に関する転換にしても、伊藤さんがよくお話される憲法についてどうやって伝えて考えてもらうのかの問題にしても、今の時代をどう理解するのか、今の若い人たちがその中でどう経験したり考えたりしてきているのかが、密接に関係していると思うのです。

つまりわれわれが今一番心配しているところは——そこは共通なのだと思うのですが——、言ってみれば「ネオリベ的冷笑」とでも言えるのでしょうか。新自由主義的な中で、できるだけ自分が勝ち組の方に入って、経済的にも安全保障でも強い方について、ゲームがうまくできない連中をあざ笑うのが、ある種の勝ちモデルになってしまっている。それが心配として大きいのではないかと思います。

ただ、そういう感覚については、正直に言って、私と共通している世代、自分よりちょっと下の世代の人たちが一番接しづらいと感じます。私はバブルが崩壊する最後のところで大学を出て、二九歳から上智大学で働いています。就職氷河期の世代になると、大学でも常勤のポストがなくなってきたり、海外留学ができなくなったり、日本の相対的な地位が低下してポストが減っていくことになってくる。そうすると、やはり「お前はいいよな」という目線があり、それは率直に受け止めるしかありません。一方、少し下の世代からは、「何を甘っちょろいことを言っているのだ」という視線を感じています。

二〇一五年の安保法制に対する抗議行動の中で、私と世代が似ていると思ったのは、ママの会の人たちなのです。私は、実際には立憲デモクラシーの会や学者の会という学者仲間のメンバーとしてやっているのですが、行動している理由が重なっているのは、ママの会の人たちです。ママの会というくくりにはなっていて、お子さんがいる方が多いけれども、そうとも限らない中で、基本的に同世代の女性がわりと多く、かなり教育レベルが高く場合によっては弁護士さんをされていたりする人もいます。そういう人たちの感覚だと、自分はもっとましな世の中になると思っていたら、どこでどうなっちゃったの？　と、感じている。子育てがある程度落ち着いてみたら、気づいて愕然《がくぜん》としているような感じの人が多かったのです。

ママの会の人で意外と共通していることがあったのが、「夫は何も知らない」ということです。夫は日経新聞を読んで会社に行ってどっぷりはまっている。どれだけ若い人たちが生活に苦労しているのか、知らないし、興味もない。携帯は贅沢品だと思っていて、「若い人はお金がないのになぜ携帯を持っているの？」みたいな感覚で、携帯がなければバイトも見つからない世代になっていることも分からない。だから自分が抗議行動に出ていることも言わないし、ジェンダー的な割れ方もあるし、世代的なものもあるのだと感じていました。

SEALDsのどこに意味があったのか

その中で特に意外だったというか驚いたのは、ＳＥＡＬＤｓ（自由と民主主義のための学生緊急行動。シールズ）です。私も大学で教えていたのですが、元山くんや久道さんたちＳＥＡＬＤｓの人たちが突然出てきて、この人たちはどこから出てきたのだろうとびっくりしました。初めまだ特定秘密保護法に反対するＳＡＳＰＬ（サスプル）だった時に、会いにいきたいと何人かから連絡がきました。私が咄嗟《とっさ》に思ったのは、学生運動は教師をつるし上げると聞いていたので、そのために来るのかということでした。そうしたら意外と真面目で、ビラを配って仲間を募りたいから先生の授業の前に行ってやらせてもらえないかと言うのです。そんなことをわざわざ断るのだとびっくりしました。私の世代でしたら、わーっとやってきて、ビラを配って、終わったわけですから。そういう礼節正しい人たちだったのです。「この日なら大丈夫なのではないの？」と言ったら、手帳を見出して、「この日は俺は授業があるから、お前は大丈夫か？」と相談し合っている。へー、授業にも出るのだとびっくりしたのです。

ただ、彼らとある程度親しくなって話を聞いて、はたと気づいたことがいくつかありました。その一つは、地下水脈のように日本の平和教育や平和運動が続いていたということです。つまり、彼らがなぜそういう行動をしているのかと言えば、広島や長崎に行ったとか、あるいは親が平和運動や平和教育に携わっていて、鬱陶《うっとお》しいと思っていたけれども、いざこういう状況になってきたら、これはまずいと思った。どうするかとなったら、こういうことをしなくてはいけない。親と一緒にとてもやる気はしないし、そんなのはできないけれども、自分たちでやることにしたということだったのです。

もう一つは、東日本大震災が原体験となっていて、ボランティアで行って瓦礫《がれき》を拾った人もいることも聞きました。そこでデモをやるとなった時に、ネットで検索をしたら、荒廃し切ったインターネット空間があるわけですが、それでも在特会（在日特権を許さない市民の会）のホームページにデモのやり方が説明してあったとか。そういう中で、特定秘密保護法が通った当時、おとなが「民主主義が死んだ」と嘆いていて、私も国会前でもうダメだと思って、家に帰ってふて寝をしていたのですが、驚くのは、彼らはあの時は「死んだのなら始めればいいじゃないか」という発想だったのです。特定秘密保護法が通ってからだったのだけれど、まだこれは何とかできると思い、施行する前に歯止めをつくらなければいけないとか、知らない人がまだいるから知らせなければいけないと、活動を本格化させたことです。少し上の世代からするとちょっと間抜けというか、もっと早くやっておけという話なのですけれども、通った後にやる粘り強さ、打たれ強さがあったのです。

その時に思ったのは、この人たちは自分との感覚が全然違うということでした。私も安倍さんの「日本を取り戻す」ではないですが、自分の経験した平和な、豊かな日本を取り戻すという発想があるのです。一方、彼らはそんなものはそもそも知らないので、「焼け野原世代」にむしろ近いのではないかと思ったのです。人々の暮らしが破壊し尽くされて、しばらく住めないようなところまできてしまった中で、粉々に壊された瓦礫を拾っているうちに、ここから始めるしかないというところから始まった世代が日本に出てきたのだと思いました。

もちろん、戦後の日本の戦争体験の継承にしても、沖縄だったり、広島だったり、長崎だったり、平和教育はけっして十分ではなかったとは思うのですが、ただ、教条主義的なものだけだったかといったら、そうでもなかった部分もある。少なくとも感度がある人たちはそれを受け止めていて、勇気がある人が行動に移したところが、私にとっては大きな驚きだったし、励みになったのが今に続くものとしてあります。

「護憲」から「立憲」に論点を移した意味

そんな中で、二〇一五年の新安保法制の闘いの時、一つの作戦が立てられました。あの闘いの特徴は、「護憲」から「立憲」に論点を移したことでした。私も立憲デモクラシーの会を立ち上げようという時に、九条の会はあるし、その前に樋口陽一先生や奥平康弘先生などを中心として九六条の会もつくったし——九六条改憲がいったん退いた中で休止状態になったわけですが——、今度は集団的自衛権がくる、どうしようかとなった時に、憲法の条項ごとに組織をどんどん増やしていくわけにもいかない。それなら今、立憲主義全体が危なくなっているので、本来は立憲主義とデモクラシー（民主主義）は緊張関係にあるのだけれども、そこをあえて正面に据えて、立憲主義で民主主義を守る面もあるし、民主主義がなければ立憲主義は守れない面もあるわけだから、そういう名前にしようということで、立憲という言葉をかなり意識的に使ったのです。そこには憲法学者の先生方の提案が大きかったと思うのです。

立憲デモクラシーというところで防衛線を引こうということにして、小林節さんも含めて、改憲論者の人も一緒にできる道を戦略的に選んだということがあります。それは私たちだけではなく、弁護士の中でも明日の自由を守る若手弁護士の会などと同じです。ＳＥＡＬＤｓも、平和ということは直接言わないで、自由、民主主義、立憲主義というところで、手続き論と言われればそうなのですけれども、戦争や平和に至る前に、その部分が脅かされているところから入った方が、間口が広くていいのではないかという建て付けにした。同時代的に示し合わせたわけではないのだけれども、そういう行動で連動できたと思うのです。

それ自体は成功した部分があったと思います。その後、立憲民主党みたいな政党までできてきました。戦前は立憲か、非立憲かという対立があって、戦後はそこは大丈夫で、護憲か改憲かという話だったはずだったのが、そこまで戻ってしまったという危なさの反映でもあるのです。しかし、より広く構えることができるという発想があったと思うのです。

「立憲」も立て直しが必要になっている

しかしそういう発想も、今は過去のものになっていると私は思っています。過去のものになっているというのは、ＳＥＡＬＤｓが解散したからということではありません。元ＳＥＡＬＤｓでいろいろな所で活動している人たちが今でもいるし、つながっていたりする人たちも当然いるので、消えてなくなったわけではないと思うのです。ただ、ロシアのウクライナ侵略以降、正戦論、つまり自由と民主主義を守るために戦うことが必要だというところで、この運動が割れたと感じます。学者仲間もそうだし、平和運動の中でもそうだと思います。結構世代で分かれているところもあり、私くらいの世代の下か私くらいの世代くらいからが正戦論にいく人が多めで、年配の人はとにかく戦争はダメだということで、九条を守れという感じで、お互い話が合わなくなってきています。

おそらく柳澤さんが持っている危機感も同じだと思うのですが、どういう戦争が想定されているのか、その中でどうやって自分たちは判断をしなくてはいけないのかとなった時に、二〇一五年の陣容は再建できないと私も思っています。ただ、逆に私は、ガザの戦争で流れが変わってくるのではないかと感じています。アメリカ中心の国連の秩序に懐疑が出始めていると思うのです。つまり、イラク戦争の前までは、実際に国連はあまり機能していなかった面があるにしても、国連の秩序、自由主義秩序を守ることが額面通りに受け止められる部分がありました。しかし、アメリカがイラク戦争に前のめりに突っ込んでいき、今やアフガニスタンから撤退するという一連の9・11からの流れがある。とウクライナまでは、かなり西側対非西洋（他者）、異質な他者を敵視し、戦うのだというロジックでいけたところがありました。けれども、アメリカももうあと何年かで非白人が白人の人口を抜く現実があったり、ヨーロッパもかつてのような白人のキリスト教の国ということではなくて、ムスリムの人たちなども相当住んでいて、国籍も持っている状況の中で、これまでと同じようにはできないという現実が生まれていると思うのです。血で血は洗えないことが、かなり手痛い教訓としてここで出てこざるを得ないことになるのではないか。そこにトランプが再選を果たして、ウクライナのハシゴを外そうとする一方で、イスラエルの暴走を際限なく後押ししかねない事態になっています。

異質な他者と共存する選択肢

だから、これ以上の血が流れる前に、とくに日本においては、別の選択肢を先がけて提示しないといけない。それは柳澤さんがおっしゃっていたような、あるいは伊藤先生が憲法的価値ということでおっしゃっているような、一三条も含めて、異質な他者と共存するということ、尊重するということ、殺し合いをしないということの方を重視する選択肢です。

立憲主義は、根本的な意味ではそういうことを意味しているのだと思うのですが、どうしても自由と民主主義が西側にあって、その正義で野蛮な人たちを叩きのめすことで安全保障を図ろうという論理が横行している。それに対して、それは本来の立憲主義なのかと問いかけ、とにかく戦争は避けて、異質な他者と共存するためのルールをつくり直していく以外ないのではないか。そういう選択肢を世界的に再発見せざるを得ない状況になってきているのと思います。

ロシアとウクライナの戦争をめぐっては、即時停戦の重要性は分かるけれども、そこまで簡単に言い切れないという悩ましい問題もあります。あるいは、即時停戦論の人たちがぼこぼこにやられる状況もありました。一方、そうやって即時停戦を批判していた人たちが、今回のイスラエル、ガザでは即時停戦と主張するわけで、ある種の破綻が見られます。

これは新自由主義的な世界観からきていると思います。利己的な国の振る舞いが安全保障につながるとか、経済的な反映につながるという論理が、ある種の終着点まできて、底を打ったことにしないといけない状況なのではないかと思うのです。

このところしきりに思うことがあります。日本語のことわざで「情けは人のためならず」とか、「人を呪わば穴二つ」というものがあります。これは西洋起源でも何でもなくて、当たり前の人の感覚、もっと言えば個人を個人たらしめている社会をあらわすことわざであり、そういう感覚を再発見しなければいけないところまで全世界的にきているのではないか。それがここまで壊されてしまっていることが、暴走する強者の支配のような状況をつくり出していることなのではないでしょうか。その中でどうやってお互い異なる人たちが、あるいは異なる国が自由に共存するのかという方向に動かしていかなければいけないと強く感じているところです。

そういう意味では、危機が深まったら目が覚めるのではないかと、私はずっと思っていたのです。どういう形でそれがくるのかと思っていたのが、ガザの人道危機という形できて、テレビもSNSを見るのもつらい状況です。日本の平和運動も、これからどういう状況になるのか分かりませんが、ガザの多くの子どもや若者が殺されている状況の中で、私が一方で心配しているのは、イスラエルの悪魔化が進んできたことです。つまり、イスラエルの側でも一〇〇〇人規模の人たちが殺された。それも、子どもや女性やお年寄りも含めてまったく戦闘と関係のない民間人であり、しかも最近になって入植した場所ではなく、建国以来イスラエルの一部だということであったような所で、殺戮が無差別に極めて残虐な形で行われ、人質で捕らえられた状況があるのです。

答えは「共通の安全保障」

私は、即時停戦とイスラエル軍のガザからの撤退だけではなくて、人質の解放もきちんと要求し続けなければいけないと思います。逆に言うと、それをやらないと、現実的にイスラエルが停戦に応じるわけがない。イスラエルでパレスチナの人たちをこんな目に遭わせるのはいけないと思っていた人たちまでもが、現在、戦争を支持しないといけない、あるいは戦争反対を言うのが難しい状況がある中で、われわれが一方的にイスラエル批判だけをエスカレートさせ、人が殺されている数の問題が相対的に違うということで、片方だけを問題にすることは、平和主義の立場からは許容できないはずなのです。そこをちゃんとやらないと、実際にも戦争は終わりません。つまり共通の安全保障しか答えがないのです。

共通の安全保障というのは、イスラエルみたいにとことん武装化してもダメだし、相手を殲滅する勢いでどんどん入植していっても、全然安全保障ができていなかったことになることです。逆に、ハマスのようなことをしたら、それでパレスチナの人たちが救われるかといったら、そういうことも決してない。むしろイスラエルから拉致した人質を象徴的な意味も含めて人間の盾に使ってやっていて、それで世界の同情を引いているということは、人の命を軽視している点では彼らは選ぶところがないということです。

そういうことをしてはいけないということが、これから少しずつ浸透していくのではないか。イスラエル大使館の前で抗議行動をするのは、私は結構なことだと思うのです。それもやるけれども、それ以外のこともしないと戦争は止まらないということは、日本の反戦平和を願う人たちが、リアリティを持って戦争を考えて、それを回避したいと考えた時に、学んでいかなければいけないことなのではないか。むしろそれが本来であれば憲法の精神であって、価値なのではないか。単に弱者の側につくことの破綻を受け止めていくきっかけになるのかと思っているところです。

そういう意味では、先ほど「焼け野原の世代」とも言ったのですが、私自身の親に限らず親の世代の人たちから一番強く受けたこととしてあるのは、口幅ったいのですけれども、もう少し洗練された、感情的ではない言い方をすると、「共感力」なのだと思うのです。「愛」とまで言ってしまっていいのではないかという気もしています。もっというと、「愛の一撃」なのだと思うのです。「先に愛してしまう」ことをやることの勇気です。リスクを誰かが背負わないと、安全保障はできない。つまり相手を不審な目で見て、脅せば相手が収まるのではないかと思えば、向こうもこちらを不審な目で見ているから、脅し返してきて安全保障のジレンマに陥る。それを避けるということです。焼け野原になった所では、もうそんなことをやればこんなことになることを分かった人たちがいるのです。そういう人たちが、お互い支え合って、自分の利益と社会の善を対立的に捉えないで、つながっているものとして捉えるところから、社会を築き直していかなければいけないと思うし、国際社会がそれに気がつかないといけないと思うのです。それが血で血を洗うことを避けることにつながっていく。

「共通の人間性」という言葉

これだけ国民国家の内実がこれだけ新自由主義によって壊れてしまって、「国家があなたのために何をしてくれましたか」という現実があるときに、威圧して相手より強い武器を持つ、相手をより威圧できれば戦争が防げるというのは、現実をごまかすためのものでしかない。そうやって敵をつくり、敵愾心を煽ることを、民主国家もやっているし、専制国家もやっている状況の中で、いったい誰が本当に戦争に戦いに行くのでしょうか。台湾に行っても感じるのですけれども、「そもそも政府は何をしてくれたのか」という感じがあるのです。愛国少年や愛国青年はたぶん出てこないし、アメリカも助けにはこないから、戦うための武器も、今はどんどんドローンだの何だのというものに移行していかざるを得ないのです。石油のメジャーのために戦って、星条旗にくるまれて貧しい人たちが帰ってくることのトリックが相当バレてきていると思うのです。国際社会においても、それぞれの国においても、自らの影に怯えて、相手に悪魔を見て、それをお互いにやり合って、どんどん住みにくい世の中に変えていくような現実を変えるためには、誰かがどこかで「こんなことはやめようよ、信頼をお互いつくり合おうよ、安心供与をちゃんとやろうよ」とやり始めなければならない。

私はこれは共通の利益でさえないと思います。「共通の人間性」という言葉をグテーレスがよく使っていますが、お互い「死に向かっていく人間」だけれども、そのもろさ、儚《はかな》さの中で、その過程にこそ尊さがあるわけです。その大切にしないといけないものが、「愛」と言われるものだと思うのです。

日本では宗教が弱く、私も無宗教なので偉そうなことは言えないのですけれども、戦争を直接体験した世代の人たちの方が、愛情があったなと思うのです。おせっかいでもあったかもしれないけれども。

年配の方たちで反戦平和運動をしている方たちは、それを「九条」という言葉で表現してきたと思うのですが、本質的な部分で自分の考えは何なのかを示すことが求められている。それが私に言わせると「共感力」のようなものであって、人を殺すことはできないし、他の人に殺させることもできないところも含めて、当たり前のことなのだけれども、なぜそうかと言ったら、もともと憎み合って暮らすことが自分のためになるとも思っていないし、自分の家族や近い人のためになるとも思っていないからなのです。そういうことを、もっと公に出していくことが重要なのだろうと思います。

憲法一三条を見つめ直す

法を学んだことがなかった政治学者として、近年痛感しているのは、日本国内では現実的には九条が独り歩きしてしまった部分を、一三条をもう一度見つめることで捉え直すことが重要なのではないかということです。つまり、もともとの防衛省の論理からしても、一三条（生命、自由及び幸福追求に対する国民の権利）のためでなければ防衛はしてはいけないことになっていたはずなのが、集団的自衛権の容認がなされ、他国のための戦争に行くというのは、完全に一三条に反するものであって、九条は突破されてしまったみたいになっている。そこを押し戻していくところから始めることが求められる。

一三条は個人主義なのですが、個人を成り立たせている社会をつくる決意の表明でもあると思うのです。つまり「すべて国民は、個人として尊重される」というのは、尊重することをわれわれとして決意表明しているのだと思います。国政が生命・自由及び幸福追求の権利を最大限尊重することも、集合体としての決意の表明であるはずなのですから、そういう社会をつくるのだということです。それは利己的な、そしてそこで立ち上がった者が偉いのだという世の中ではなく、あるいは「寄らば大樹の陰」で、より強いヤツに守ってもらえばどうにかなるという発想ではなく、誰もが自分らしく生きることができる経済もつくらなければいけないし、社会もつくらなければいけないし、政治もつくらなければいけないと再確認していくことなのです。国際社会を見るときにも、その目できちんと見ることができないかということなのだと思うのです。

今のような状況で日本が軍事化を進めることで、さらに憎悪や不信感を上乗せしていくことによって、安全保障ができるという論理はまったく通じないと思います。だから私は、同世代を含め、安全保障の世界の人たちといくら議論をしても、まったく負ける気がしません。日本の軍事化が日本や世界の安全保障に資するのかという論理は、安全保障という観点からも、まったくあり得ないと思います。それは自信を持って私たちが言わなければいけないことです。そして、もっと愛がある、もっと共感力がある社会や国際社会をつくることを、日本の私たちが率先していって実践していくことが大事なのです。私たちの世代が若い世代と比べて恵まれているのであれば、その世代の人たちが、それを体を張ってでもきちんと下の世代の人たちに伝えていくことをしないと、「あんたたちはいいよね」という話になってしまう。でも、「あんたたちはいいよねと言われる私だから言えるのだよ。そういう社会をつくっていこうと思っているから、あんたもすねていないで一緒にやろうよ」と本気で言うことが重要なのではないかと思っています。

Ⅲ

九条が良いかどうかは若者が自分で考えて下さい

伊藤　真

憲法価値を実現する法律家育成

私は憲法九条の良さを若者に伝える立場でお話ししたいと思います。

憲法の価値を実現する法律家を育成したいという思いから、一九九五年に伊藤塾を立ち上げ、今日まで活動を続けてきました。公務員や法律家（弁護士、裁判官、検察官、司法書士、行政書士）の仕事は、憲法の価値を実現する仕事だと考えています。そのことを自覚し、仕事に取り組んでほしいという思いから、塾を設立しました。

さらに遡ると、一九八一年に自分が司法試験に合格した当初から、後輩に司法試験受験に関してアドバイスする機会がありました。その頃から、分かりやすく法律を教えることが自分の得意分野ではないかと感じていました。そこで、受験指導を通じて法教育を自分なりに形にしたいと思い、指導を始めました。その大きな動機は、多くの人に憲法を知ってもらいたいということ。私自身も司法試験の勉強中に、憲法一三条の個人の尊重や立憲主義、憲法九条の考え方に触れ、憲法が自分の人生を変える力を持っていると感じたので、これをより多くの若い学生たちに伝えたいと思ったのです。

しかし、当時も今も、「憲法の話をするから聴いてください」と大学生に言っても、誰も耳を傾けてくれません。ところが、「私の講義を聞くと司法試験に受かりますよ」と言うと、それを目当てに全国から講義を受けに来てくれるのです。ただ、当時の司法試験は合格率が二%から三%にとどまり、私の講義を受けても法曹になれる人はごくわずかでした。ほとんどの人は公務員になったり、民間企業に進んだり、家庭に入ったりと、法曹とは別の道に進みます。しかし、法律家になりたいと思った多くの人が私の講義を聴いてくれていたため、たとえ法曹とは別の道に進むとしても、このように全国の学生たちに憲法の話をすることが憲法の理念を伝えるためには最も効率的だと考え、受験指導の中で特に熱を込めて憲法の話をするようになっていったのです。

当初は個人の尊厳に関する憲法一三条を中心に話すことが多く、九条についてはそれほど意識していませんでした。しかし、一九九一年の湾岸戦争を経て、伊藤塾を立ち上げた一九九五年頃には、安全保障についての社会の取り上げ方が大きく変わってきたと感じ、法曹をめざす人間は憲法九条の理念をもっと深く学んでおかないといけないと思いました。同時に、意見が対立しがちな九条を正面から話すと、塾生が集まらないのではないかという不安もありました。会社を立ち上げたばかりで社員を抱えているため、営業的な観点からあまり政治や九条の議論に踏み込まない方が良いのではないかと正直、悩みました。しかし、それは違う、自分をごまかしてはいけないと考え、真正面から憲法九条について話すようにしたのです。

すると、意外にもその方が反応が良かったのです。「今までこんな話を聞いたことがなかった」とか、「理想を真顔で語ってくれる大人に会ったことがない」といった声をいただきました。また、「理想ばかりで空想的なことを言うだけでなく、現実を見ながら話してくれる人にはあまり会ったことがない」という反応もありました。当時、小林よしのりさんの『戦争論』などの影響で右に傾いた高校時代を送っていた若者もいましたが、私とは立場や考え方が違っても、彼らの話を正面から聞くことで、「これまでちゃんと話を聞いてくれた人はいなかった」と喜んでくれました。互いの意見が異なっていても、こちらの考えを理解しようと努力してくれるのです。このような経験から、講演でも特に若い人たちに憲法を伝えなければならないと改めて思いました。講演の主な対象は大学生でしたが、次第に高校生や中学生に話す機会も増えていきました。

九条をどう伝えるか

次に、若い人を意識しながら九条をどのように伝えているのかをお話しします。いただいたテーマが「九条の良さを若者にどう伝えるか」ですが、そもそも私は九条の「良さ」を伝えようとはあまり思っていません。九条がどういうものであるか、その前提として憲法がどういうものであるかを伝えることに重点を置いています。「良い」かどうかは自分で考えてくださいというスタンスで考える素材を提供することを心がけています。

私の立場からの情報をもとにすれば、結果的に九条が大切だと思う人が圧倒的に多いことでしょう。しかし、さまざまな考え方の人がいるのは当然であり、一方的に「九条って素晴らしいよ」と押し付けるのは少し違うと思ってきました。

伊藤塾で法律家を目指す皆さんには、通常の試験対策の講義の中に「九条特別講義」を組み込み、試験には全く出ないかもしれないけど、これを聴いておくことが将来的に絶対に役に立つよと話すと、たとえ試験に関係なくても一生懸命聴いてくれるのです。

今の若い弁護士の中には、企業法務（ビジネスロイヤー）になってガンガン稼ぎたいという人もいます。そういう学生の中には、人権や九条は自分には関係ないと思っている人もいます。しかし、ビジネスロイヤーになりたい人たちに私はよく言います。「これからのビジネスはアジアを相手にしないと成り立たない。アジアの法律家や企業人とプライベートで話をする際に、日本の戦争責任や安全保障についてどう考えているのかと問われた時、どんな考えでもいいけれど、自分の考えを持っていなければ、そもそも相手にされないよ。もちろんビジネスの公式な場では直接の話にはならないかもしれないけれど、オフの時間やちょっとした場面でそういう話題が出た時に、日本が中国や韓国に何をしたのか全然知らない、アジアの中での日本の安全保障の立ち位置を何も考えたこともないというのでは、当然相手の見方も変わる。ビジネスの観点から見ても、自分の考えを持つことが重要なんだ」と説明します。そうすると、ビジネスロイヤーになりたいという人でもしっかり聴いてくれるのです。

合格後を考えるスタディツアー

塾を立ち上げてから三〇年近く、「合格後を考える」という塾の理念の実践として、合格者や塾生の研修旅行「スタディツアー」を続けています。最初は合格者と韓国、中国、アメリカ、ヨーロッパ、オーストラリア、そして沖縄に一緒に行き、日本の戦争責任や国際人権について考える機会を持っていましたが、現在では主に受験生を中心に沖縄に連れて行き、三日ほどかけて沖縄の過去・現在を知り、自分が法律家になった未来を皆で考えています。南部の戦跡や読谷村などを訪れ、当時の戦争がどのようなものであったかを体験者の方にお話を伺い、辺野古や嘉手納では、今の米軍基地がどうなっているのか、直接当事者の方から話を聴く機会を設けています。そこでの目的は勉強というよりも、感じるということです。実際に現地に行ってみると、音や匂い、温度など、さまざまなものを感じます。そうした体で感じることと、知識として理解していることとは異なることに気づいてもらいたいのです。頭を使って考えたり調べたりすることはどこでもできますが、感じることは現地に行かなければできません。

最近は塾生の家族が同行したり、一般の方々も参加してくれるようになっています。そんな皆さんたちにも現地で、自分なりに何かを感じ取ってほしいと思っています。現地に赴くと、多くの方が「初めて聞いた」「初めて見た」「驚いた」「本土とは全然違う」といった感想を持ちます。ツアーが終わると、私はいつもこう言います。「ここで皆さんはいろいろ感じたでしょう。衝撃を受けたことや、さまざまな感じ方があったと思う。ですが、東京や大阪に帰ったら、たぶん三日もしないうちにその感覚は忘れてしまいます。日常生活に戻ると、ここで見たり聞いたり感じたことは忘れてしまうのが人間です。それでも、少しでも思い出したり、残したり、周りの人に伝える努力をしてほしい。九割忘れてもかまわない。一割でもいいから、それを記憶し続けて、一人でもいいから周りに伝えるようにしてほしい。皆さんには、この沖縄の過去や現状を知ってしまったものとしての責任があります。」と。

中学生・高校生に向けて

従来から大学生のみならず中学・高校生向けの講演も全国の学校に出向いています。ここでも私は考えるきっかけを与えたいと思って話しています。どうすれば憲法に興味を持ってもらえるかを考えたとき、「ああ、知らなかった」という驚きが一つのきっかけになると思っています。実際、憲法については多くの人が知りません。立憲主義や九条の成り立ち、戦争の現実や加害の歴史についても知らないのです。これらを知らないために、政治や憲法に興味を持てないのではないでしょうか。

「いや、知っているよ」と言う生徒たちと話すと、彼らは新聞を読まないしテレビもみません。情報源はネットです。ネット情報も重要ですが、フィルターバブルやエコーチェンバーによって多様な意見に触れる機会がほとんどなく、一方的な意見ばかりに接している子も少なからずいます。また、高校生くらいになると、軍事オタクやマニアックな子、いわゆる右寄りの考えを持つ子もいますが、私はそうした子たちの考え方を無理に変えようとは思わず、「別の見方もあるよ。君が見て考えている事実とは別の事実や評価の仕方もあることを知ってほしい」というスタンスで、さまざまな事実をもとに説明しています。自分の生い立ちや葛藤を交えて話すこともあります。

実は私自身も高校時代には愛国心が強く、武士道に傾倒していたものですから、弓道部に所属して放課後は毎日、学生服を着物・袴に着替えて道場で弓を引いていました。「日本はアメリカに守ってもらうのはおかしい。独立した主権国家なのだから、しっかりした軍隊を持ち、自分の国を自分で守るのは当然だ」と思って過ごしていました。

戦時中を舞台にした小説や映画では、学徒動員された学生が陸軍分列行進曲に合わせて雨の中を行進するシーンがありますが、それらの作品に触れると感情が高まり、何度見ても涙が出てしまうほどでした。そんな高校生だったのです。中学の時に二年間西ドイツで生活したことがあり、その頃も外国人として生活する中で日本人を意識せざるを得ず、日本が大好きで愛国心に満ちていました。当時は冷戦真っただ中で国や民族を意識せざるを得ない中で、日本人として誇りを持ちたいと強く思っていたのです。それが高じて、高校二年までロボットを作りたいと理系志望だったのが、陸奥宗光にあこがれて外交官になりたい思い文転して法学部に進学したくらいです。

いざとなったら自分は軍人になれる、戦争で祖国のために死ぬことは怖くないとずっと思っていました。しかし、あるとき、戦争で自分が死ぬのはいいが、罪のない人を殺すことは自分にはできないと気づきました。だから軍人になるだけの勇気は自分にはない。だからといって軍人に任せればいいじゃないかとは思えなかったのです。自分が嫌なことを他人に押し付けて平穏に暮らすのは卑怯ではないかと感じていました。軍隊を持つべきだが、自分は軍人になれないし、軍人にすべてを任せるのも違うと、もやもやした心を抱えながら大学に入学しました。そこで憲法を学び、「九条、その手があったか。あえて同じ土俵に乗らない、戦争をしなければいいんだ。じゃあ、そのためにはどうしたらいいのか」と考えるようになりました。だから高校生のときにどれだけ右寄りの考えを持っていても考えは変わりうる、それだけの柔軟性を誰もが持っていると思えるのです。

九条の前にまず立憲主義

市民の皆さんに憲法九条の話をする場合も、前提として憲法の意義や立憲主義についての話をするようにしています。なぜ権力への縛りが必要なのか、なぜ民主主義が万能ではないのかを説明しておかないと憲法の必要性が理解できません。当然、九条への納得感も違ってきます。憲法の本質を表すとき「合理的自己抑制」という言葉を使うことがありますが、これは自分の中にある暴走の恐れをあらかじめ縛っておく道具としての意味が憲法にはあるということで、人間の無謬性の否定とともに憲法の必要性を理解する上で重要なことです。

憲法制定の経緯については、「押しつけ憲法」に興味を持つ若者もいます。この言葉をきっかけに、憲法の制定の経緯や九条の発案者である幣原喜重郎の思いについて話すこともあります。九条の理念は、西洋近代キリスト教社会からの押し付けの価値観だと思っている若者もいますが、そうではなく、普遍的な人間の価値が含まれていると説明するときには大日本帝国憲法のみならず、「十七条憲法」の話をすることもあります。

最近では聖徳太子の作ではないという説もありますが、六〇四年にできたとされる「十七条憲法」には改めて読み直してみると、意外なほどに近代立憲主義や日本国憲法と共通のことが記されていて驚きます。「和を以て貴しとなす」は有名ですが、それに続いて「争わないことを旨としろ。…上の者も和やかに、下の者も睦まじく、物事を議論して内容を整えていけば、自然と物事の道理に適うようになるし、何事も成し遂げられるようになる。」とあります。協議によって紛争解決しろという点では憲法九条につながりますし、敵を想定して抑止力に依存するのではない、協議の場を作って紛争を予防し解決するという国連の集団安全保障体制とも通底します。また、十条には「人はみな違う考えを持っているのだから、自分たちが正しいと思い込むな」と書かれています。これなどは憲法一三条の個人の尊重につながります。最後の十七条には、「物事は独断で行ってはならない。必ず皆で適切に議論しなくてはならない。……民の声をきちんと吸い上げて政治を行えばうまくいく。」と記されているのです。これを見たとき、私は本当に驚きましたし、素直にすごいと思いました。

憲法や立憲主義の起源はイギリスのマグナカルタ（一二一五年）だと言われていますが、その六〇〇年も前から日本にはこうした考え方があったのです。「十七条憲法」は、仏教や儒教の影響を受けていますが、官僚が暴走しないように定められたもので、近代憲法とは異なるものの十分に立憲的だといえると思います。一般的には「憲法とは呼べない」と一蹴されてしまうのですが、権力を行使する側の在り方として、今の時代に通じるものが十分にあると考えています。私はこの話をするときに、だから「日本すごい」と言いたいのではなく、ここに記されていることは、西洋や東洋、宗教、民族に関係ない普遍的な価値なのだと説明しています。改憲派の方々が日本の伝統や文化にこだわるのであれば、この十七条憲法まで遡って考えてほしいと思うのです。

憲法一三条に関して

憲法の講演では、戦前と戦後の様々な違いや、立憲主義に基づく日本の近代国家づくりの歴史について話します。学校では近現代の歴史が十分に教えられておらず、歴史の授業も受験対策に偏っているため、近代史の途中で終わってしまうことがよくあるようです。卑弥呼のような古代の人物について詳しく知るよりも、むしろ現在から過去に遡って学ぶべきではないでしょうか。

若い世代が受けている歴史教育の実態を考えると、明治維新から現在までの大まかな歴史、特に戦争の歴史を講演でも振り返ることが重要です。一八六八年の明治維新から一九四五年の敗戦までの七七年間、日本はアジアに向けて戦争を続けてきました。しかし、戦後、憲法が施行されてからの七七年間は国家としての戦争を経験していません。改めてこの事実を対比するだけでも、多くの人が驚きます。戦争をしなかった理由には、日米安保条約や在日米軍、自衛隊の存在をあげる人もいますし、沖縄の犠牲や多くの理不尽があったことを忘れてはなりませんが、九条を持つ日本国憲法の下で、国家としての戦争をしてこなかったこと自体が奇跡に近い貴重な事実であることもまた確かです。

明治維新からの近代国家づくりの前半と、敗戦後の後半を対比し、何が根本的に変わったのかを問いかけます。戦前は「家制度」のもとで個人が尊重されず、家族や組織、国家、天皇に価値が置かれていました。それが戦後、個人一人ひとりに焦点を当てる個人主義へと大きく価値が転換します。だからこそ、憲法一三条が重要なのです。若い聴衆の中にも時々、個人主義を利己主義や自分勝手と勘違いしている人がいます。両者は全く別物であり、自分だけでなく誰をも個人として尊重することが大切なんだと強調しています。その上で、この憲法一三条前段の「個人の尊重」の意味について説明します。

個人の尊重については、以前は「人はみな同じ、人はみな違う」と説明していましたが、最近では「人はみな違う、人はみな同じ」と順序を逆にして話すようにしています。人はそれぞれ異なる存在であることを認識し、自分と異なる他者の存在を認め、どう共存していくかかが最近、とみに重要になっていると感じるからです。現在、多様性やダイバーシティが声高に叫ばれますが、実は七七年前から憲法はそれを目指していました。このように異質な他者との共存を目指すことが、立憲主義の本質であり憲法の根本だと考えています。

特に、今の若い世代はＬＧＢＴＱ＋などの問題に関心を持って人も多いので、性の多様性の問題を取り上げながら、尊厳ある個人の価値や多様な考え方、価値観について話をすると熱心に聞いてくれます。私は「普通」という言葉が好きではありません。高校生の頃、「普通の高校生になれ」とか弁護士になってからも「普通の弁護士はそんなことはしない」と言われてきました。「普通」という言葉で多数派を一括りにし、少数派を異端視するような風潮自体に抗ってきたので、普通を強いるのは間違いだと若い子にも伝えています。結構共感してくれます。

さらに、多様な個人との共存をめざすのなら、国どうしも同じはずです。さまざまな考え方の国があり、日本のように民主主義をめざす国もあれば、権威主義的な国もあります。そうした日本と価値観や体制の違う国の存在を否定するのではなく、国家も多様であることを理解し、共感できるところを見つけて、対話や人々の交流を通じて共存の道を探ることが重要ではないかということです。日本の価値観を絶対視して他国にもそれを押しつけるのではなく、多様な国家が共存できる方法を考えるということです。一三条の「個人の尊重」は、異質な他者との共存を目指すものであり、これは国家レベルにおいては、異質な他国との共存をめざすことであり、それが憲法前文と九条に理念として反映されていると考えています。こうした話をして、若者が関心を持っている多様性の話と九条とを関連づけることによって、九条がより身近に感じられるようになることを期待しています。

幸福追求権であって幸福権ではないこと

憲法一三条に関して、もう一つ、一三条後段にある「幸福追求権」についても必ず話しています。この権利は、単に幸せになる権利そのものではなく、あくまでも幸福「追求権」だということです。幸せや幸福の中身は自分で決める。その自分で決めた幸福を追い求める、追求の過程を「幸福追求権」として憲法は保障している。何事も結果はもちろん大切ですが、憲法は結果のみならず、その結果に至る過程やプロセスを大切にしているということです。

人間は生まれた瞬間から死という結果に向かって生き続けますが、その中で日々をどうより良く生きるかという一瞬一瞬の過程が重要なはずです。何をもって「より良い生き方」とするかは、自分で決めればよいのですが、自分なりの幸せへ向かう過程にも重要な価値があるということです。多くの中学生や高校生は高校や大学の受験の成功を目指していますが、憲法のこのプロセスの重要性の話を通じて、志望校に合格することはもちろん大切だけれど、その過程の日々の勉強で自分が成長することの方がより重要だと伝えると、憲法を自分事として理解するきっかけになってくれるようです。

また、理想と現実の話も必ずするようにしています。例えば、戦争のない世界が本当に実現するのか疑問に思う子も多いのですが、それを目標として掲げながら、その実現に向かう過程が大切なんだと話しています。前文の最後に「日本国民は、国家の名誉にかけ、全力をあげてこの崇高な理想と目的を達成することを誓ふ。」とあるとおり、憲法は理想であることを憲法自身も認めている。もともと理想と現実が食い違うからこそ憲法の存在意義があるんだと理解することは重要です。憲法というよりも、法そのものが「べき論」の世界です。あるべき姿、つまり理想の社会をめざして存在するんだということを理解してもらうことはとても重要だと考えています。「刑法も泥棒のいない社会を理想とするけど、なかなか実現しない、でもだからといって現実に合わせて「少しくらい泥棒を許そう」という刑法改正など誰も考えないよね」と話すと、理想ばかり言っていないで現実に合わせて憲法を変えるべきだと言っていた子も、少しは考え直してみるきっかけにはなるようです。

憲法九条が目指す平和な世界という結果も大切ですが、その結果を求める過程で、私たちが日々どのように考え、学び、行動するかが重要なのです。まさに「憲法は未完のプロジェクト」（奥平康弘）なのですから、憲法が私たちに期待しているのは、そうした「不断の努力」（憲法一二条）の過程なのだと思います。

戦争と自衛隊の実態

時間があるときには戦争の実態についても触れます。先の大戦（この言い方も若者に通じません）の被害だけでなく、日本による加害の事実も知っておく必要があることを伝えます。アメリカでは戦死者よりも帰還兵の自殺の方が四倍も多いことや沖縄の現状についても話します。最近の日米軍事合同訓練、たとえばバリアント・シールドやキーン・ソードなどについて防衛省のホームページに公開されている写真などの情報を引用し、日米の軍事一体化や日本国土が戦場になることを想定した訓練が行われている様子を紹介すると、多くの人が驚きます。その中で、災害救助に尽力している自衛官には感謝しつつ、武装集団たる自衛隊の本来の任務は、国民ではなく国家を守ることだと指摘すると、意外な顔をされることがあります。自衛隊や軍隊と警察や消防との違いを理解していない人が多いようです。しかも最近の自衛隊は国土防衛部隊というよりも、米軍と一体化して米国の世界的な軍事戦略に組み込まれつつあるのではないかと問題提起をしていますが、そうした自衛隊の現状についても知らない人が多いようです。

講演で心がけていること

私が心がけているのは、まずは相手に真正面から向き合うことです。「こんなことを言って通じるかな」とか、「若い人には理解しづらいかも」と思わず、真摯に本音で向き合うことで、相手も真剣に反応してくれます。

もう一つ大切にしているのは、事実に基づいて具体的に説明することです。最近の講演では、パワーポイントなどの映像を使いながら話すことが多いですが、視覚的な情報を提供することで、「知らなかった、驚いた」と聴講者の印象に強く残ることがあります。

しかし、一番効果的なのは、聴講者に「なぜなのだろう」と自ら考えてもらうことです。「みんな戦争は好き？　反対？」「なぜ戦争は嫌なのか」「なぜ戦争はよくないのか」といった問いを投げかけ、時間があるときにはその答えを話し合います。「戦争は自分とは無関係ではない」ということを実感してもらうことを意識しています。

高校や大学で講演するたびに感じるのは、根本的には教育が極めて重要だということです。歴史教育や人権教育、憲法教育の在り方も再考しなければならないと思っています。憲法についても、一応学校で教えられているとはいえ、形式的なことをなぞったり、政府見解を紹介したりするだけで終わることも多いようです。リベラルと言われる教師も、実際には自分の価値観を押し付けていると受け取られてしまうこともあり、当然それに反発する生徒も出てきます。高校時代の社会科の教師の教え方が極端すぎてついていけなかったことが理由で憲法を嫌いになったという話を聞いたことがあります。

私は、戦後の教育に本当の意味での憲法教育、主権者教育、市民教育が欠けていたことが、今の問題を引き起こしている元凶だと考えています。政権与党が憲法に冷淡であり、改憲を党是とする自民党が教育行政に強い影響を与えてきたことが大きな原因です。アメリカではトランプ大統領でさえ憲法について言及しますが、日本では憲法が共通の政治基盤として認識されていないのが現状です。政権与党が公然と憲法を攻撃できる社会になってしまったことは、不幸なことです。

また、リベラルな政党とされるかっての社会党や共産党による憲法や九条に対する姿勢にも問題があったのではないでしょうか。憲法がこれらの政党のイデオロギーの道具として使われてきたようにも感じています。いわゆるリベラルといわれる政党も二〇〇〇年代に入るまで「立憲主義」をほとんど意識してきませんでした。憲法というと、差別や九条の話だけが強調されてきたため、今でも私たちが憲法の話をすると「左翼」・「共産党」というレッテルを貼られるようになってしまいました。これは憲法にとっても残念なことです。

若い人の感想文

講演を聞いた若い人の感想文を少し紹介します。高校生は真正面から話をすると素直に聴いてくれますが、逆にそれが怖く感じることもあります。洗脳とはいいませんが、私の価値観や考え方を一方的に押し付けることになってはいけないと思っています。

中学生の感想には、「憲法は国家権力を制限し、国民の権利・自由を守る法だということに一番驚いた」とありました。高校生からは、「国会議員に憲法を守らせるためには国民の努力が必要だとは知りませんでした。驚きました」との感想もありました。また、「最近、SNSで日本の自衛隊は強いから戦争になっても大丈夫という話を見かけますが、よく考えれば戦争をして自衛官を含め一人も死なないとは言えません。税金が社会保障から軍事費に回されることもないとは言えないと思いました」との意見もありました。「戦争は勝った方にはメリットがありますが、負けた方は苦しい思いをします。実は勝っても負けても被害は大きいので、冷静に考えなければならないと思います」とも述べていました。

高校生が「冷静に見ないといけない」と言ってくれたことは嬉しい驚きでした。さらに、「今まで政治に関心を持たなかったことを後悔しています」と言った生徒もいました。「他人事のように思っていたことが、自分と深い関係があることに気づけた」との感想もありました。「戦争や歴史上の過ちを聞いて、無知であることが最も危険だと感じました」との意見もありました。

「立憲主義や憲法も時代に合わせて変えていく必要があるが、権力を制限し国民の権利や自由を守る役割は失われてはいけない」と考えるようになった生徒もいました。「戦争は絶対にしてはいけないことですが、具体的に何がいけないのかをうまく説明できませんでした。これからは自分の言葉で説明できるように考えます」との感想もありました。「戦争は絶対にやってはいけない、ではなぜいけないのかと問われるとはっきり答えられませんでした。日本側が被害者のように考えがちですが、他国から見た日本を考えたことがありませんでした」との意見もありました。若い人たちが自ら考えるきっかけを持つことができるのは、私にとって大きな喜びです。

想像力と共感力

私は講演で、日本地図を上下ひっくり返して見せることがあります。そして、韓国や北朝鮮、中国の人々の方から見ると、どのように見えるかを話すことで、「相手の視点から見ると全然違って見える」という気づきを与えることができます。「最終的に私たちの身近な話とつながっていて、今回の憲法の話をもっと自分たちの生活に活かすべきだと思いました」といった感想も寄せられました。

中には、「はっきり想像力をもっと鍛えなければいけない」と言う生徒もいました。私は中学生に話すとき、あえて「想像力」や「共感力」といった言葉を使わないようにしていますが、「話を聞いて世界のさまざまなことを想像できないのは良くないと思います。一人ひとりが想像をし、日本や世界の現状と向き合うことで、未来は変えられるのではないかと思います」とか、「いつか世界を想像したとき、頭に浮かぶ全ての人の表情が明るく楽しそうな笑顔になったらいいと思いました」という感想もありました。こうした若い方たちがいることに、私も力づけられます。

北朝鮮のミサイル発射について話すと、「向こうにも事情があるのだと分かりました」という感想がありました。相手を正当化するわけはないけれども、物事を多面的に見ることが大切だと、いくつかの事例を用いて説明しています。私がよく話すのは、二〇一二年日中間で尖閣諸島の問題が起こった際、中国で日本製品のボイコットや暴動が発生していた時期のことです。日本国内では、中国で日本車が破壊されたり、イオンなど日本の店舗が攻撃されたことが繰り返しテレビで報道されていました。当時、伊藤塾のスタディツアーで訪中を計画していたため、この時期に中国に行くのはリスクが大きいと悩みましたが、むしろこういう時だからこそ行ってみようと決意しました。行き先には南京も含まれており、南京の虐殺記念館にも訪れましたが、現地の南京は例年と変わらず平穏で、何も問題ありませんでした。冷静に考えれば分かることですが、日本で報道されている暴動は中国のごく一部の光景に過ぎません。ところが日本のメディアはその映像を何度も流すため、中国全土がそのような状況だというイメージを私も持ってしまっていました。しかし、実際に行ってみると、平穏な街の様子が広がっていました。虐殺記念館の近くを塾生たちと歩いていたときも、卵をぶつけられるくらいは覚悟をしていたのですが、何もありませんでした。むしろ地元の人たちと交流でき、当初の懸念は全くの杞憂に過ぎなかったという体験をしました。逆に、中国のテレビでは在日中国大使館の前で抗議している右翼の映像が盛んに流れていました。

メディアリテラシーの重要性

こうした点から、若い人たちには、メディアリテラシーの重要性についてもよく話します。「当たり前だと思っていたことが、現実ではそうとは限らない。そういう意味で疑うことが大切。学校でさまざまなことを教わってきたにもかかわらず、これまで政府のことを短絡的に信頼し続けてきたのは違う気がする」という気づきを得た学生もいました。「民主的な政府は信頼ではなく猜疑に基づく」というアメリカ建国の父、ジェファーソンの言葉を中学・高校段階で知っておくことは重要です。

「日本の軍事費が七位であることに安心していましたが、戦争についてもっと自分で調べようと思いました」と言う生徒もいます。「自衛隊そのものには賛同します。専守防衛のままでよいと思っています。理由は、無理に戦力を上げるよりも、最低限のままでいた方が経済に悪影響を与えないと感じたからです」との意見もありました。「今日の講演を聞いて、弾道ミサイルを持っていても、戦争が始まったら結局使うことになるだろうし、戦争が長期化すれば被害が大きくなる。そのことを考えると、もう一度考えたい」と言う生徒もいました。

「自分の周りの大人は、中国や北朝鮮に対して早く攻めるべきだという意見を、ニュースが流れるたびに言っていました。それにつられて自分も同じような意見を持っていましたが、今日の話を聴いてから改めて考えると、実際に戦うことになる自分たちに最も影響があること、税金のことなどほとんど考えていなかった。言い換えれば、大人の意見は浅はかな意見だったのではないかと思うようになりました」と、一人の一六歳の生徒が感想に書いていました。

「正直に言うと、まだ僕には、日本が軍事国となって世界への発言権を強めていく方が良いのか、それとも軍事化をやめて平和的な国を続けていくのが良いのか分かりません。それは日本の若い人々が政治に興味がないからかもしれませんが、そういうことも含めて、日本の政治に興味が湧きました、ありがとうございました」と言う生徒の声はうれしかったです。分からなくてもいい、これから考えていくことが大切なのです。そうした考えるきっかけを持ってほしいと伝えています。

九条の価値を押し付けるのではなく、自分で考える素材を提供できるように意識しながら、現在も各地で講演を続けています。

マグナ・カルタ（大憲章、ラテン語：Magna Carta/Magna Carta Libertatum、英語：Great Charter of the Liberties）イギリス（連合王国）の不成典憲法を構成する法律の一つであり、イングランド王国においてジョン王の時代（君主主義）に制定された憲章である。イングランド国王の権限を制限したことで憲法史の草分けと言われる。成立から800年が経過した21世紀の現在でもイギリスの憲法の最も基本的な部分として有効である。（写真は一部）

第二部　鼎談、冒頭発言を受けて：

若い世代は、どんな憲法論議を求めているか

戦争と平和の価値観を次世代に繋ぐために：鼎談を受けてⅠ　久道瑛未

Emi Hisamichi

若い世代へのアプローチの必要性

「若い人はどうしたら関心を持ってくれるのか」という問いは、私が学生時代（18歳〜20歳）にSEALDs《シールズ》 TOHOKU《トウホク》のメンバーとして活動しはじめて以来、多くの活動家の先輩方から投げかけられてきました。最初に、この問い自体を整理する必要があると思います。すなわち、「若い人」と言っても一括りにはできません。

① 戦争・平和・9条に対する価値観を戦後世代と共有できるか　YES・NO

② A 政治・人権問題・社会問題に興味があるか　YES・NO
B 興味があるとして社会的なアクションを起こす・参加することができるか　YES・NO

少なくともこれらの観点から「若い人」の層は分けられると考えています。

日本の立憲主義や平和主義を守るという目標からすれば、戦争・平和・9条に対する価値観を共有した上で政治と社会課題に興味をもち、社会的なアクションを起こせる人が増えることが理想です。現在九条の会などで活動してらっしゃる世代の戦後世代の方々が、「9条を守れというスローガンは若者には通じない」というとき、はたまた、「若い人にアプローチするにはどうしたらいいか」という時に「アプローチできていない」と感じる層というのは、これらの軸で分けた時のどの層の若者を指しているのでしょうか。

戦後世代の方々が思っている以上に、①がYESである層：戦争・平和・9条に対する価値観をすでに共有している若者は意外と多いと思います。この層の人たちに、どのようにして②のAもBもYESの層：政治に興味をもちアクションできる人になってもらうか、というところが「アプローチ」の課題です。後に詳述します。

戦後世代の方々が、「9条を守れというスローガンは若者には通じない」というときに想定している若者層は、①がNOである人たち：戦争・平和・9条に対する価値観を共有できない人たちではないでしょうか。実際に、私の体感でも、1995年生まれの私と同世代の人々の中にはこの層の人が上の年代と比べると多い気がします。これは社会全体で見れば世論の大きな動きとして、戦争への歯止めや憲法の国民投票の場面を見据えると重大な問題です。少しでも①の人々の意識や政治的な影響力に変化を与える試みが必要だと思います。柳澤さんや伊藤さんの報告における問題意識とアプローチの仕方はこの層をターゲットにしたものと解釈しました。私もその問題意識には強く共感いたします。

一方で、より直接的に今後の日本で平和運動を担うことができる戦中・戦後世代の方々の思いを受け継いでいくことができるのは、①はすでにYESの人です。①がYESでない人に向けたアプローチは、その人個人の目先の利益とリンクするものでなければ興味を引くことができません。①はすでにYESの人に向けたアプローチを考える時には、平和の重要性とか9条の価値を改めて啓蒙すること自体はあまり重要ではなく、今の政治を変える必要性を認識してもらえるような活動をすることと、関わりたいと思われるような運動のあり方・スタイルのようなものを意識しなければならなかったりするのだと考えています。

戦争や9条に対する価値観を戦後世代と共有できない若者たちの分析とアプローチの仕方

平和教育について自身の体験も交えて

戦争・平和と9条に対する世代間ギャップはひとえに「戦争との距離感・リアリティ」にあると思います。親も戦争を知らない世代である私たち以下の世代の人間が、「戦争は絶対にしてはならない」という思いを抱けるかどうかは、小中学校（ぎりぎり高校）の間の平和教育の有無に掛かっていると言っても過言ではないと思います。

私個人の例を振り返ってみます。両親や親族に政治や社会問題に意識のある人間はいませんでした。祖父母は嫌韓・嫌中に近い感覚を持っていて、小中学生の間は漠然とした差別意識を自分も内在化してしまっていたかもしれません。

そんな自分が18歳で突然平和運動にかかわるようになった理由を考えてみると、戦争反対という強い思いがその時すでに強く染み付いていたからだと思うのです。まさに中野さんのご指摘のとおり「日本の平和教育や平和運動が地下水脈のように続いていた」のです。小学生の時に毎年戦争について考える授業や課外学習の機会があったという経験をしたし、学芸会では必ずと言っていいほどどこかの学年が戦争を題材にした演劇を行なっていました。人を殺してはいけないとか、戦争は絶対にしてはいけないという人類普遍の守るべき価値観は、結局大人になってから論理的に理解しようと思っても意外と難しいのだと思います。小中学生、できれば小学生の間に、戦争のリアルに触れる経験がないと、戦争反対の価値観がその人に本当の意味で根付くことはない気がしています。

そのためにどのような平和教育が必要かと考えてみると、伊藤さんのお話が非常に参考になります。歴史教育も、人権教育も、「先生方が自分の価値観を押し付ける形」だと、かえって押し付けられたことに対する反抗心を抱いてしまうという現象はよく理解できます。だからこそ、理屈やその人の「価値観」で語るのではなく、戦争が起きたらどうなるのかというリアルな経験と事実を知ることができる教育が最も重要です。

伊藤さんが実践しているフィールドワークはまさにこれを体現なさったものであり、理想形の教育だと思います。

問題は、伊藤さんが実践しているようなフィールドワークを義務教育の現場で行うことができていない現状と、事実を知ることさえ阻もうとする日本の歴史教育のシステム、そのような教育を推し進める政府（その裏にある日本会議などの勢力）の存在です。これは、一刻も早く改善しなければならない最大の問題だと思いますが、私はその解決策を持ち合わせていません。政権交代をすれば変えられるのでしょうか。教科書検定の問題や、地方公共団体が戦争の事実を伝える展示を「政治的」と看做す風潮など、純粋無垢な子どもたちが触れる一見中立的で正しいように見える公的な空間や教育の場が、「戦争をするとこんな庶民はこんな目に遭う。この場所が焼け野原になり、人々の生命・人権が悉く軽んじられていた。日本もまた他国を焼け野原にし、たくさんの人々の生命と尊厳を奪った。」という事実すら、知らせてくれません。更に怖いのは、少し戦争に関する歴史に興味を持った若者が、ネット上で調べてみると、歴史修正主義や差別に塗れた情報が、あたかも知られていなかった真実であるかのように提示されます。陰謀論に嵌ってしまう過程と似ているのだと思いますが、簡単に普通の人がネトウヨ化してしまう環境です。

「人を殺してはいけない」という規範は、犯罪だからいけないこと、というレベルで理解している人が実はたくさんいるのかもしれないなと思っています。実際に、戦争の話になると「場合によっては」という仮定の上で肯定してしまう人間が身近なところに時々います。「戦争は絶対にしてはいけない」ということが、理屈や自分個人に対する刑事罰の規定がないと理解できない、そういう人が如実に増えてきているのが今の日本のリアルです。田中角栄が恐れた「戦争を経験したやつらがいなくなった後」の時代の有様です。「正戦」も場合によってはあり得ると、人権問題を解決するために活動している人々ですら考えてしまうのです。

戦争のリアルを知るための教育を、義務教育で公的機関が行うことができないのならば、伊藤さんに倣ってもっと多くの人々が実践すべきです。もっと多くの業界を目指す若者に戦争のリアル・事実を知らせることができれば、戦争・平和、9条に対する価値観も共有できるはずです。ほぼ無関心であったり価値観が違ったりする人間を引き込まなければならないので、この実践には、やはり目先の利益とつながる動機づけや、週末にテレビをぼーっと見ていたら「火垂るの墓」が流れてそれを目にするようなカジュアルさが必要なのだろうと思います。その意味で、伊藤さんの「司法試験に受かるよ」というビジネスの一環としての引き込みは、とても効果的だったのだと思います。

少し話は変わりますが、戦争はだめだという価値観を根付かせるきっかけとして、「加害史観」は必ずしも必須ではないというのが私の個人的な意見です。何も知らない人間にとっては、他の国の被害よりも、まずは自分が生きている日本で、自分の祖父母や曽祖父母の世代が大変な目に遭ったのだということの方が共感・想像しやすいことは間違いないからです。想像しやすいきっかけから、戦争の悲惨さ、人間に対する被害の甚大さを認識・想像するところから始めます（実際に私が義務教育の間に触れた平和教育も、原爆や東京大空襲など、日本の被害に関するものばかりで、日本が植民地国に対してしてきたことはほとんど知らなかったし、考えてみたこともありませんでした。）。

「被害史観」に基づいて戦争はだめだ、とまず認識し、その価値観を根付かせた後であれば、日本国民は確かに悲惨な目に遭ったけども、日本という国も他国の人間に対して本当に酷いことをしてきたんだ、同じような目に遭わせていたんだということを認識し、その過ちを繰り返さない責任を意識することはそれほど難しいことではないはずです。まずは被害史観からでもいいから、戦争の悲惨さ、国家が個人に対してどんな態度になるのかという恐ろしさ、そのリアルに対して目を背けずに、稀釈された文字面だけでなく、リアルな人間の言葉から、映像から、認識することが何よりも重要なのだと思います。

戦争や9条に対する価値観を戦後世代と共有している若者たちへのアプローチの仕方

論理的思考の大切さ　日本固有の歴史と世界史的視点を踏まえて

一方で、一部の若者たちは小中学生の頃に戦争に関する「事実」を知る機会に恵まれ、戦争は絶対にしてはいけない、正しい戦争などない、という感覚を持ち合わせています。

９条の会で活動していらっしゃる先輩方の活動を引き継ぐこと、思いを継承することは、この層の若者たちをターゲットにしてその課題と対策を考えていくべきだと思います。

思いは共有しているけどそれほど今の日本政府がやっていることや改憲の脅威を感じていない

人たちに対しては、今の日本政府・自民党と戦前の大日本帝国の為政者の共通性を強調していくことが大事なのではないかと考えています。平和教育の影響で戦争の悲惨さを理解している人たちでも、「日本会議」の存在も、なぜ靖国参拝が問題なのかも知る機会がなかったから単純にわからないのです。もし知っていたら自民党がいかに恐ろしい政党なのか、自民党のもとでの改憲がなぜ危ないのか、今の政治に対する興味関心と結びつくはずです。多くの日本人には、国家権力に対する謎の信頼感が根付いているように感じます。

なぜ憲法が国家の力に制約をつける必要があったのかとか、戦争の時に権力は民衆に対してどんなに恐ろしいことをするのかとか、そういったことが全くイメージできていないのです。北朝鮮や中国の脅威は散々煽っておきながら、なぜ自国は大丈夫だと思い込んでいるのかが不思議です。国家権力の恐ろしさを知ってもらうこと、これは立憲主義に対する理解とも共通すると思います。このことも、平和教育の次に、または一環として優先度の高い事柄だと思います。

方法論の話に戻りますが、戦後世代と価値観は共有していてかつ行動もできる人の影響力を、もっと上の世代の人たちのバックアップで押し上げていくことができればと思います。先輩方が行ってきた運動に対するリスペクトはもちろんありますし、先輩方がずっとその運動を続けてくださっていることが社会にとってどれだけ重要なことなのかも理解しています。ただ、戦後世代の先輩方の多くは、自分の運動の形に若い人を呼び込む、という目線に比重を置き過ぎてしまっているようにも感じます。同じ運動体・箱をそのまま引き継いでいくということは今の時代に限らずなかなか難しいことだと思います。一方で、柳澤さんが評議員を務めてらっしゃるND（新外交イニシアティブ）の中にも学生メンバーはたくさんいらっしゃると思いますし、Z世代が作った運動体であるKNOW NUKES TOKYO、一般社団法人かたわらなど、思いを同じくして行動している若者は確かにいます。彼らの行動は、戦後世代とZ世代・ミレニアル世代を繋ぐ架け橋です。リベラルは分断されるのが常ですし、特にジェンダーに関する感覚や、運動に関わる姿勢さまざまなところで世代間ギャップもあると思います。そこで分断されないような手の取り合いをすること、歩み寄ることが重要です。「9条」という、伊藤さんの言葉を借りれば「政党のイデオロギーの道具」に使われ、レッテル貼りの対象となってしまったテーマにこだわり過ぎず、まずは反戦・平和の価値観を次世代に繋ぐことに集中し、全ての世代が連携することが最優先だと思います。

「正戦論」の脅威

ミレニアル世代やＺ世代は、政治や社会問題に関心があり、行動を起こしている人が就職氷河期世代よりも多いと思います。特にＺ世代は、ＳＮＳを利用してカジュアルな運動体を形成することに長けており、多くの社会課題解決に向けた団体が登場しています。この層の人たちについて私が最近危惧しているのは、正戦論に取り込まれてしまわないかということです。これは、中野先生が感じている危機感と共通します。最近「台湾有事」の話題でよく感じることです。ウクライナ戦争を見て少なくない若者が、やはり核の抑止力や軍事力は「攻められないために」必要だとか、人権感覚のない野蛮な国から自由と人権を守るために戦わなければならないとか、そういう論調を支持するようになってしまったと感じています。

今年、イスラエル・パレスチナでの虐殺が起こる前に、安保法制に反対していた同世代の人に会いました。その人は「台湾有事について、戦争しないために外交努力をするしかないという思考に終始するのは、日本人が特権的地位にあるからだ。台湾の人々は話の通じる相手ではない習近平がいつ攻めてきてもおかしくないと思っているし攻められたら台湾における権利と民主主義を守るために戦う覚悟をもっている。日本がそんな台湾を見捨てるのは無責任だ。」というようなことを言ったのです。これが、かつて安保法制に反対していた人が今本気で考えていることです。私はとてもショックでした。戦争になった後に、私たちが何をできるというのでしょうか。正戦のために命を投げ打って戦うべきだと、日本は台湾の民主主義と人権を守るために自国の犠牲も顧みずに戦うべきだと、これこそまさに正戦論です。戦争になったら人間が死ぬのです。誰も止められないのです。だから戦争にならないようにする。話の通じない相手だと決めつけること、すでに外交の破綻です。日本が無駄に仮想敵国を挑発することのないようにする。そのためには日本が戦えない国であること、9条に基づいて米国や同盟関係にある国々との間で一定の距離を保つことが最も重要なはずです。かつて安保法制に反対していたその人の中にも、結局戦争は絶対にだめだとか、核兵器はどんな理屈でも絶対悪だとか、そういう価値観は根付いていなかったのではないかと思いました。

人権や民主主義のために声を上げることに抵抗のないミレニアル世代やZ世代の若者たちが、人権や民主主義のためという大義のためなら戦争を厭わない、戦争を推し進める勢力になりうる脅威を秘めていることへの危機感があります。

もっとも、柳澤さんや中野さんもご指摘のとおり、世界の秩序も、日本の世論の正戦論の比重も、パレスチナ・イスラエルの現状をもって変化しつつあると思います。西側諸国の論理というものが必ずしも正しいわけではないということには、正戦論に傾きかけていた人も認識し直したのではないかという希望的観測をしています。

行き着く先は9条の死守

中野さんのいう、「愛の一撃」。9条がなければできないことです。結局そこに立ち返ってくるのだと思います。本気の平和主義を感覚としてまず根付かせること、そうすれば自然と9条はなくてはならないものであるということに気づくはずです。反戦平和の価値観を理屈ではなく感覚で備えるための平和教育と、すでにその感覚が備わっている人たちと連携を強化し彼らの影響力高めることが今求められていると思います。

私たちの世代は、戦後世代から受け継がれてきた平和主義の火を絶やしてはいけません。先輩方が知る戦争の現実をしっかりと受け継ぎ、反戦平和が人権の基盤として絶対に必要であることを、同世代に認識させていかなければならない。そのために、先輩方の力を借りながら、共に活動していく姿勢が不可欠です。

どんな大義があっても、護る対象とされている「国家」の中には人間がいて、戦争になったら死ぬのは人間です。日本が戦争になった時でも、死ぬのは普通に生きている私たちなのだということを改めて強調していく必要があります。戦争による解決を選べば、私たちが誰しも死んでしまいうる。だから力による解決しかないと信じてはいけない。力による解決を簡単に選んではいけない。誤りを犯す私たち人間はこれを忘れ、為政者に利用されてしまうから、憲法9条が国の最高規範として戦争と武力の放棄を明記したのです。憲法9条が、為政者や日本を防波堤にしたがっている国から私たちを守っているのだと多くの人に気づいてほしいと思います。

体験を分かち合う。もしくは体験を超えて「共感力」「想像力」の探究を：鼎談を受けてII

元山仁士郎

Motoyama Jinshiro

キーワードは共感力

それぞれ、「現在の世界」をどう捉え、何をしていったら良いのかを、自分の言葉で率直に語っており、大変勉強になりました。それぞれの報告者と面識があるからだとは思いますが、大変共感し、改めて尊敬の念を抱く内容の鼎談でした。

三者のキーワードは、「共感力」になるのではないでしょうか。ただし、伊藤さんは、「私ははっきりと想像力だとか、共感力という単語にはしないのですが」と断りつつ、そのようなことができる若者がいることが力になると語っていることから、この表現をめぐってもう少し議論をしても良いと思いました。

また、若者に語る、というようなタイトルでは「説教っぽいもの」、「好き勝手にいっているようなもの」と偏見を与えそうなので、そうではないタイトルをつけた方がよいと思います。

その他、何かおすすめの読むべき本があれば、一冊もしくは数冊紹介するのも良いと思いました。

個人の経験を三者がどう実践するか

なぜ戦争はいけないのか、そのためには現行の日本国憲法や九条が必要なのか、という考えに至った個々人の経験をどう培うのかが課題になると思います。柳澤さん、中野さん、伊藤さんにはどのようなご経験があるのかを伺いたいです。

私自身は、やはりアジア・太平洋戦争ならびに沖縄戦を体験した祖父母から「戦争は二度としてはいけない」と教わったことや、父方の祖父の身体に遺された弾痕のグロさからそのように感じたことが実感としてあると内省しました。また、大学院で日米関係史を学ぶなかで、日本国憲法やそれに基づいた取極、日本の人々の非戦・反核感情が、米国による日本への戦争参加ないし日本の基地を使用したアメリカの軍事行動の歯止めになっていることを知り、日本の経験や人々の非戦・反核感情、憲法の大事さというものを改めて学ぶ機会になっています。

また、私よりももっと若い、強いて言えば赤ちゃんや子どもだからといってその経験がないわけではないでしょう。実際、国連・こどもの権利委員会が2005年に採択した「一般的意見7号」では、乳幼児（出産から生後1年まで）も、社会的主体だとしています。幼いこどもも、生まれたときから環境と積極的に相互作用し、主体的に成長発達していく存在とされています。ただ、一般的に、記憶があるのは3歳あたりから、話せるようになるのは9ヶ月からと言われています。その記憶を言語化して、日本国憲法の理念や人権と結びつけて考えることも可能でしょう。例えば、幼稚園・保育園で友達と物の取り合いでけんかをしたときに、単にけんかはダメということではなく、その物が誰のものなのかや、お互いがどうしたいかなどを整理して話し、いまどうするのがいいか、ということをお互いがそのときに納得のいく形で決めるということは、まさに「正義と秩序を基調とする国際平和を誠実に希求」することや、「平和のうちに生存する権利を有することを確認する」こととつながる出来事ではないでしょうか。もちろん、一足飛びに結びつけようとせず、このようなことを地道に重ねていきながら、憲法の理念や、子供の権利条約などと結びつけながら考える経験をさせる／することはできると考えます。つまり、個々人の経験を三者がどう実践してきたのか／いくのか、ということも課題となるのではないでしょうか。無論、記憶や言語に特殊な事情があるという人がいた場合のことも考えておく必要があることも付け加えておきます。

「共感力」を権力側に要求するには

戦争に対して勇ましさを喧伝する政治家やテレビのコメンテータがいるなかで、戦争を始めてはどうなるのかということを、傷痍軍人や孤児、再会事業などを目の当たりにしているところから語る姿勢に共感を覚えました。

たしかに、今の時代をどう理解しているのかが、憲法や九条を論ずる上で重要であり、改めて普遍性を持つものだと思います。

ただ、「共感力」とはどのようなものを指すのか、どう実践しているのかを身近な例で教えてほしいです。例えば、沖縄の反基地運動で「米兵や自衛官も人間だ。だから批判するな」という人がいるように、異なる意味での「共感力」を押し付けられる状況もあると思われます。共感の行き着く先は、最終的には個人に対するものだと思いますが、そのような趣旨ではなく、市民が国家権力、力を持つ政治家に対して「共感力」を要求することがあると思います。逆のベクトルも強く働いていると感じられる状況で、そのような主張をする方々をどのように説得したら良いのでしょうか。もしかすると、権力関係や公と私の区分が未発達な状況も影響していると思われます。この権力や公私区分があいまいである点は、伊藤さんにもお伺いしたいです。

伊藤塾で心掛けていることは

日本のために戦えるという考えから、「戦争になって人を殺せるのか」という問いに至った自らの思考過程、受講生への問いかけ、「押し付け憲法」や反西洋主義に対する憲法十七条の紹介など、大変勉強になりました。

何のために人の話を聞くのか（あるいは本を読むのか）、という問いにストレートに答えている印象でした。もしかしたら、本の冒頭に、これを読んだら何を得られるのか（もちろんそう簡単に得られるものではないという留保もしつつ）を書いてもよいのではないでしょうか。ただ、司法試験の受験生は、その試験のため、出ないかもしれないけど聞くというのは、「伊藤塾」という環境や講師・生徒間の信頼関係もあるように思われます。そのような信頼関係を、周りの人、とくに若い世代とどう築いていくのかは読者にとっても課題になるでしょう。もし伊藤塾で大事にしていること、講師らに説いていることがあれば、その話もぜひ聞かせてください。

最近取り組んでいること

私が最近意識し、取り組んでいることは、戦争をしたくない／させないという声を日本政府ないし国会に届ける仕組みをどう制度化するか、ということです。

たしかに、憲法9条には「国の交戦権は、これを認めない」とあり、日本政府は憲法上、戦争ができないということになります。しかし、SEALDsで反対していた2015年の安保関連法や昨今の安保三文書の制定など、日本は解釈改憲の下に、ますます戦争できる国になっています。

設立当初、米ソ冷戦下で自衛のための最小限の実力行使の手段として保有していた自衛隊は、冷戦終結後、とくにここ15年は、中国脅威論を念頭に置いた「南西シフト」の下に沖縄周辺に拡張しています。これは、鹿児島県以南の島々に住む人々の意に反して、あるいは肥大化する防衛費に伴う予算と引き換えに「合意を得た」として、十分な説明や議論がないままに行われているものです。

2025年3月27日には、日本政府は、「台湾有事」を念頭に、沖縄の先島諸島からの避難計画を公表しました。島民や観光客およそ12万人を6日程度で避難させ、九州と山口県のあわせて32の市と町で受け入れるとしています。しかし、防衛体制強化に向けたインフラは九州に集中しており、避難先も攻撃対象となる可能性があると指摘されています。避難計画を考えることは大事かもしれませんが、戦争が起きた際に、このような計画を実行することはほぼ不可能でしょう。戦争をすると日本全体が何かしらの形で巻き込まれるというのはその通りですが、ウクライナ紛争でも起きているように、一地域だけに限定して爆撃や戦闘が行われるということもまたあり得ると思います。現在、その一地域というのが、沖縄を含む鹿児島以南の島々だと想定されているのです。

辺野古新基地建設を見ると明らかなように、日本政府は「地元」の意思に関係なく、かつ丁寧な説明をせずとも、これらの地域に基地を置くことは、現行の制度では可能なのです。地元住民のみで止めることは、ほぼ不可能だと言っても過言ではないでしょう。

戦争が起きてほしくない、とあらゆる市民が考えると思います。しかし、普段の生活のなかでそのような思いを発露させる、実行することは残念ながらそう多くはないでしょう。日本は戦争をしない、あらゆる戦争に反対するということを意識し、行動し続けるために、どうしたらよいのか。この鼎談でも課題になっていると思います。

果たして、これまで通り、デモや選挙、講演会、署名活動などを行うだけで十分なのでしょうか。そのような機会がないために、沖縄を含む島々には基地が置かれ続けているのではないでしょうか。

選挙以外の制度をつくるしかないのでは？

2019年に行った辺野古米軍基地の賛否を問う沖縄県民投票後、私を含む沖縄の多くの方々が日本全国の市民に「自分ごととしてほしい」と訴えて続けています。もちろん首都圏の駅や街頭で辺野古新基地建設や島々への自衛隊配備、絶えない米兵による女性への暴行事件に抗議する方々はいますが、いつになったらこれらの問題が多くの人に向き合ってもらえるようになるのでしょう。あと何年、続けるのでしょうか。

私は、そのような思いが実際に叶えられる制度が日本にはないことが問題だと考えています。

「選挙で投票してもやってほしいことをやってもらえない」、「デモや署名集めをしても効果が感じられない」という方は、いらっしゃるのではないでしょうか。そのような声をより実効力のあるものにするための制度が日本にあってもいいのではないでしょうか。

このような感覚は、私のみならず多くの日本の市民にも当てはまると思います。２０２４年10月に内閣府が行った世論調査では、「国の政策に国民の考えや意見がどの程度反映されていると思うか」という質問に対し、「反映されていない」とする人の割合が73・6％となっていました。つまり、国民の考えや意見を反映させるのは、選挙をはじめとする既存の制度だけでは限界があるのではないでしょうか。

そこで、私は沖縄への基地集中をはじめ日米地位協定の改定などを問題提起するために、国民発議による国民投票制度の日本への導入を進めています。これは、憲法〝改正〟の国民投票とは異なるもので、あるテーマで一定の署名を集めれば、国民投票ができるという制度です。沖縄基地問題のほかにも、選挙制度や政治資金の規制、消費税率の引き下げ、選択的夫婦別姓の法制化、教育の無償化、紙の保険証の廃止、インボイス制度の廃止、原発の新設・再稼働、核兵器禁止条約への加盟など、様々な個別の問題を、直接〝国民〟に提起することができます。

実際に、スイスやイタリア、台湾、アメリカやドイツの州など15ヵ国・地域で導入されており、個人や団体が一定の署名を集めることで国の法律や方針を提案したり、拒否したりすることができるようになっています。具体的に、スイスでは、ベーシックインカムの導入や原発の新設禁止について、台湾では原発の運転停止条文や同性婚の保障について、アメリカの州では死刑制度の是非やマリファナの合法化に関する投票が行われています。

発議には一定の期間を要するため、世論調査のような即時的なものではありません。また、国民投票であるため、提起されたテーマに対する解説や議論がテレビや新聞などでも活発に行われるという副次的な効果にも期待しています。

愚民主義のような意見も寄せられますが、「大阪都構想」の2度にわたる住民投票では、どちらとも反対する人が多数となりました。都構想を強力に推進した市長（橋下徹氏、松井一郎氏）でさえ大阪市民の選択が間違っているとは言わず、自身が政治家を辞めました。多くの国民は、正確な情報を提供されれば、きちんと判断できると私は考えます。2018～19年の沖縄県民投票のときにも、結果賛成になるかもしれないと考える人がいましたが、そのような結果にはなりませんでした。もちろん、排外主義的な発議を防ぐための条文は盛り込む必要はあると考えていますが、制度化して、特定の問題に向き合ってもらう契機を作れるような制度が必要ではないでしょうか。

また、もし後になって「判断を間違えた」と思ったら、もう一度国民発議をやり直せばいいのです。何度もやり直せることも、民主主義の良いところではないでしょうか。

2023年4月には、SEALDsのときに一緒に活動していた水上貴央弁護士と、「一般社団法人 INIT 国民発議プロジェクト」という団体を設立しました。2024年12月末には、自民党や立憲民主党をはじめとする超党派の国会議員連盟も立ち上げています。日本国憲法や9条の理念を、どうより実現していくのか。市民運動や、やり方がこのままで良いのかと疑問に思っている方は、ぜひ注目・賛同いただければ幸いです（https://init-jp.info/）。

なかがき

中野 晃一

おじさんたちが集まって話したところで、若い人たちに届く言葉を持っているのか、不安は今でも拭えません。この本を手に取ってくれた人たちの中に、久道さんや元山くんのような若い人がいるのであれば、すでにおじさんたちが何を言うのか聞いてみようかと思ってくれている優しい人たちでしょうから、もしそれでも伝わらなかったとしたら、やはり私たちの限界なのでしょう。

おそらく読者の方の大半は中高年の方でしょうし、むしろ私たちと同じように、おじさんやおばさん（あるいはおじいさんやおばあさん）が何を言ってもムダかもしれないと虚しく感じている側ではないかとも思います。

私は普段、大学で授業をしているので（しかも伊藤先生のように中身のあることを上手に話すことができないので）若い人たちの前で「空回り」することには慣れているのですが、ぼんやりとつまらなそうな顔をしている学生が、つい聞き耳を立てる瞬間は何度か見たことがあります。何をしゃべった時なのかこちらが覚えていないくらいですから、学生たちも覚えていないでしょう。ただそれは間違いなく授業内容の本題から外れて、つい我を忘れて熱く語ってしまった時なのです（しまった、恥ずかしいことをした、という記憶だけは残っているので）。何を語っていたか以上に、教員が一人の人間として自分をさらけ出してしまっている異常事態に反応したのだと思います。

お互い話の内容を覚えていないのだとしたら、あまり意味があるコミュニケーションに思えないですが、メッセージ以前にメッセンジャーとして私を学生たちが認めてくれた瞬間だったのだとすると、まるで無意味だったわけではないかもしれません。そういう経験を何度か繰り返していく中で、こちらが願うように育ってくれるかはともかく、種さえまければ後は天に任せるしかないと考えるようになりました。こちらの言っていることを鵜呑みにするよりは、何か引っかかって、自分で考えてほしいなと思っています。

今回のおじさん三人を私が代表できるわけではないですが、防衛官僚のトップを務めた柳澤さんも、日本を代表する憲法の伝道師の伊藤先生にしても、一番伝えたかったのは私と同じで、戦争をしてもいいなんて騙されちゃダメだよ、絶対に回避できるし、平和を守り広げていくためには憲法も役に立つよ、ということだったのではないかと思います。世代を超えた対話を目指して、思わずそれぞれが自分語りをするちょっと恥ずかしい本になりました。そこだけでも引っかかってください。

「アメリカ独立宣言」（ジョン・トランブル画、1819 年）
アメリカ独立宣言
（United States Declaration of Independence）
イギリス（グレートブリテン王国）によって統治されていた北米 13 植民地が独立したことを宣言する文書である。1776 年 7 月 4 日、大陸会議によってフィラデルフィアで採択された。

第三部　鼎談、再開：

共感力、正戦論、ベース（基盤）としての13条論

I

今回の鼎談の問題意識はどこにあるか

柳澤　元シールズの久道瑛未さん、元山仁士郎さんからコメントを頂きました。お二人のコメントは、いちいち納得できるものです。お二人のコメントの中で出されている問題提起を受け止め、私の勝手な整理になりますが、いくつかのキーワードに沿って三人で議論をしたいと思います。

元山君は、この鼎談で三人をつなぐのが、共感力という言葉ではないかと述べています。そして我々三人が、戦争と平和の原点をどう導き出したのかを問うています。あるいは、これは久道さんも含めてのことでしょうが、戦争のリアリティをどう認識し、それをどう伝えるのかを重視していて、そこから平和教育や幼児教育の大切さを説いています。さらに、これは共感力とも関わることなのですが、同じ人間である自衛隊や米軍をどこまで批判していいのかと問われる悩ましさにも言及してします。

久道さんは、この鼎談がターゲットにする若者の概念を整理しつつ、戦争や憲法九条に関する価値観をどう共有するのかを提起しています。また若者が正戦論へ傾くことを心配しておられる。その上で、世代間で一体何を共有するのかというと、とりあえず九条を直接にというよりは、戦争をしてはいけないというところを共有するという、そんな問題意識を語られていたと思います。くわえて、伊藤塾における実践について知りたいという、特別の注文も入っていたと思います。

お二人が提起していることは、実は私にとっては、すべてつながっている話です。したがって、一つひとつ議論していくというよりは、とりあえずそれらを何点かまとめて私の方でまず話しをさせていただいて、その上で、個別の問題が必要であれば議論していきたいと思います。それでよろしいでしょうか。

聡明な人が考えた政策でも間違えることがある

柳澤　私の場合は防衛官僚という立場ですから、当然のことながら、戦争そのものを否定するというような立場ではありません。戦争が起きたらどうするのかを考えるのが仕事だったわけです。その私自身が変わったと思うのは、やはりイラク戦争を体験したことにあります。イラク戦争で自分が政策決定者としても関わってきたこと、特に自衛隊の派遣について、退職してから自分なりに整理をしなければいけないと思っていたわけです。

イラク戦争からの学びとして言えば、たとえば大量破壊兵器を武装解除するという大義名分があったけれども、そんなものをイラクは持っていなかったわけですから、その目的のために全くやる必要のない無駄な戦争だったわけです。ただカネのない家に入っても強盗にかわりはない。ただここで一つ感じたのは、ブッシュ（子）大統領が後で回想して言っているように、イラクが大量破壊兵器を持っているという情報について、嘘をついたわけではなくて、みんなが間違えていただけだとされるのだけれど、それをどう捉えたらいいのかということなのです。私にはこの話は結構ショックでした。ベスト&ブライテスト（最良のもっとも聡明な）の人たちが政策決定をして、それでも間違えることがあるということです。ただ、戦争というのは、たぶんそうやって始まるケースが結構あるのではないかと思います。

国のために役立って死んだと誰が言えるのか

柳澤　もう一つ、自衛隊は全員無事に帰ってきたのですけれども、私がずっと官邸にいる間の問題意識は、もう本当にみんな無事に帰ってきてほしいこと、その一点だったのです。自衛隊が派遣されたのは非戦闘地域と言われていたけれど、実際には宿営地に砲弾が落ちてきますし、誰か死んでもおかしくないぐらいの大変危険な所でした。結果として、みんな運よく無事に帰ってきたんだけれど、そこで私が後ではたと考えたのは、一人でも死んでいたら、自分はその子の母親に何をどのように語ったらよかったのかということでした。その答えが見つからないわけです。送り出す側の論理としては、いろいろな言い訳はできると思うんだけれど、戦争に大義があるわけではないのに、自分が政策決定の責任を負う立場の中で、その彼の死をどう捉えていくかというところが、自分にとってすごく大きな問題だったのです。

そういう問題意識で見ていると、例えばその後、二〇一五年のデータですが、イラク戦争とアフガニスタン戦争（インド洋派遣）から戻ってきた自衛隊員の中で五六人が自殺しています。やはり日常では全然ない世界がそこにあったはずなのです。アメリカ兵のその後について書かれた本を読んでみると、イラク、アフガンからの帰還兵の四人に一人が人格障害を負っているそうです。死んだ人がいるというだけではなく、生き残った人がこういう大きな人格障害を負ってくる、それは一体何なのだろうと考えざるを得なかった。そしてそういうものにどう寄り添えるかについて悩んだのです。送り出す側の論理を考えるのではなく、出される側の立場にどう寄り添っていけるかというのが、元山君の言葉で言えば共感力の課題であり、あるいは戦争とはどういうものかということを考える上で、大きなキーワードになっていると思います。

もうかれこれ一年ほど前の話ですが、ロシアのプーチン大統領がウクライナ戦争で亡くなった兵士の母親を集めて、こう言ったのです。人はどうせいつか死ぬのだ、ロシアでは毎年三万人がアルコールと交通事故で死んでいるけれど、問題は生きる価値のある人生だったかどうかだと。その上で、あなた達の息子さんは国のために役に立って立派に死んだのだ、だからその人生はすごく意義があったと、そういう話でした。ただそこでちょっと待てよと思うのは、それはあなたが決めることなのかということです。結局、戦争というのは、送り出す側に立つ権力者の発想で見れば、戦って死ねば英霊だし、敵をたくさん殺せば英雄になるわけだけれど、それというのは、送り出される側の立場、論理とは全然違うはずです。亡くなった兵隊には別の人生が当然あったわけです。そう考えると、戦争というのは、そういう国家あるいは権力の論理と、出される側の人間の論理との相克が必ずあるという問題なのだと、そのことに気がつくわけです。

これは一体何かというと、憲法の言葉で置き換えると個人の尊重と幸福追求権の問題なのですね。私は幸福というのは自己実現だと思っていますので、幸福追求権というのは幸福である権利ではなくて、自己実現を自分で選択できるということだと思います。しかし、戦争というのは真っ向からそれを奪ってしまう。専制国家であろうが民主国家であろうが、戦争をする権力者側の論理と、やらされる側の論理の相克がある。だから、戦争というのは殺し合いだからとか、そして人が死ぬからダメだというだけではなくて、まさにその選択を国家から強いられて、自己決定権がなくなる、幸福追求権が奪われるところが、やはり大きな問題だろうと私は思います。それが戦争のリアリティだと思っているのです。

平和のありがたさを実感をもって語れない自分

柳澤　ただ一方で、そうやって戦争とは何かというのは自分なりに認識できたのだけれど、他方で自分ではできないなと思っていることがある。それは、平和のありがたさを語れない、語る自信がないということです。そこが戦前を生きた人、戦争世代の人たちと違うところです。例えば、先日も古賀誠元自民党幹事長の原稿を読んだのですが、彼はお父さんが戦死していて、父親の顔を知らないのです。母親が苦労しながら自分を育ててくれた。選挙のときに、彼は宏池会ですから、大平正芳さんにその話をしたら、「君、その苦労は宝物だよ」と言われたそうで、「その言葉が自分の一生の座右の銘だ」とおっしゃっていました。あるいは武田鉄矢さんも先日の朝日新聞に書いていたけれど、戦争に行った父親との相克の問題をずっと抱えていて、母親が苦労して自分を育てたというのですね。

それらは何を意味しているかというと、結局、苦労はあるのだけれど、そういう苦労が報われる平和のありがたさが実感できるということだと思います。そういう次元で見ると、私は生まれたときから平和だったし、平和のありがたさをまだ十分に語りきれない。ガザで活動しているNGOに参加している人たちをとっても、戦争の悲惨さは見ればわかる。人がまともに生きられない、治療もできない、助けられないのを見ている。同時に、それができることが平和のありがたさなのだけれども、そこをまだまだ自分は実感を持って語ることができない。そういう同年代が結構多いのではないかと感じるのですね。

そういうことを考え出したら、戦争なんてとても選択できない。そう考える自分の価値判断は何だろうか。そうすると思いつくのは、ちょうどイラク戦争の頃からですが、うちの孫も幼稚園にいくようになって、いろいろと教わってくるのですね。幼稚園、保育園で友達とトラブルがあると、「あなたも自分がこんなことやられたら嫌でしょ、自分が嫌だと思うことを人にやっちゃいけないでしょ」という教育を受ける。これってすごいことで、実は戦争をめぐっても同じことが言えて、それを国家に置き換えて言っているのが、日本国憲法前文だと思うのです。「いづれの国家も、自国のことのみに専念して他国を無視してはならない」として、その「政治道徳の法則は、普遍的なもの」ということです。幼児教育の段階から、人間としての最低限の道徳を教えられているわけで、そこでつなげて考えていく姿勢がものすごく大事なんじゃないかと考えていた次第です。とりあえず共感力とか、自分の体験の話として、そんなところをまず申し上げたいと思います。

エリートだから間違えても後で正当化できる

中野　今伺ったことに照らし合わせながら、自分でも考えたことを申し上げますと。私の感覚だと、ベスト&ブライテストだからこそ間違えることがあると思います。つまり政策関係者というのは、できるだけ失敗となる事態を避けるという発想で合理的な選択をしがちです。特にアメリカみたいな政府のロジックの中だと、合理的選択論は徹底的に叩き込まれていますから、そういう発想しかしないと思うのです。そのときには、国家として失敗しないこともそうですけれども、個々人の政策担当者も失敗したくないわけで、そこの部分で大きな失敗に突っ込んでいく可能性がむしろ高いのです。

つまり、戦争というのは、自分が嫌なことを人にしてはいけないということに反するわけで、そのロジックからいくと、自己成就的に戦争を実現してしまうのが抑止論の帰結だと思います。何かというと、抑止というのは、相手を嫌がらせる事態にすることであり、そうすると向こうもこちらを嫌がらせるわけで、結果としてお互いに嫌がらせをし合うわけですから、確実にそれはどこかでぶつかる方向に向かっていくわけです。

ただ、論理的には、それでも失敗したことにはならない。実際に戦争になった時には、抑止が失敗したから戦争になったと総括しないで、ほらやっぱり抑止を高めておいてよかった、その抑止力を軍事力に転じればいいということになる。本来であれば、抑止力というのは戦争を未然に防ぐところにポイントがあったにもかかわらず、いつの間にか戦争になっても使えるツールにすり替わっているわけです。

むしろエリートたちの発想からいくと、現実問題としては、後で正当化すればいいだけの話なのです。イラクで大量破壊兵器が見つからなかった場合でも、あの戦争をする口実を別に見つけていく方向に行って、いざ戦争になれば、ほらやっぱり危なかったじゃないかと言えてしまう。そこがおそらく、やる側とやらされる側の決定的な違いだと思います。

柳澤さんのように防衛官僚として日本で関わった側からすると、九条の制約もあるし、戦後民主主義、戦後平和主義の理念を前提にして考えられるので全く別だと思うんですけれども、アメリカのような国になってくると、そこはそもそも前提として違う。やる側の発想、決める側の発想からすると、政策決定者としては、こちらが用意をしていないのに戦争になるリスクの方が遥かに恐ろしいわけです。平和ボケしていたと言われ、ナイーブだったと言われることの方が遥かに怖い。ですから圧倒的な軍事力を持って、相手を威嚇してそれで向こうが降参しなかった場合には、攻め込むことを考えた方がいいのです。

そんなアメリカに付き合うこと、そういう形で政策がつくられることが、日本にとってどれだけ危ないことなのか、そういう論理的なところから考えなければならないと、私自身は思います。そこを日本の多くの人はよくわかっていない気がします。

元山君が使った言葉で言うと、共感力がない政策の決め方をしているということは、つまり合理的選択論というのは自己利益の追求であって自分にとって利益を合理的に増やしていくという発想でやるものですから、そもそも共感力を入口のところで拒絶していることを意味します。そういうものに惑わされてはいけない。いわばアダム・スミスの有名な見えざる手の軍事版みたいなものなので、そういう利己的なベースで政策が立案されている中で、日本をアメリカが守ってくれるとか、アメリカについていれば安心安全というのは、全く根拠がないと私には思えます。つまり、アメリカにとって日本が大事である限りにおいては日本を大事にしてくれるけれども、アメリカの安全保障、アメリカの利益ためにやっている政策なのですから、それにフルに付き合ってしまうことは理解できない。それはある意味で、共感力以前の問題であって、そういう理解が不十分な人たちには、こうした考え方をちゃんと伝える必要があるという気がしています。

自己実現と社会の変革が両立しにくい時代にあって

中野　その上で、自己実現ということに関して、柳澤さんが幸福追求権についておっしゃっていたことは、本当に私も同じように考えています。特に若者とどうつながっていくかを考えると、この間私もいろいろな若い人たちと大学の文脈も離れて関わってきた中で思うのは、世代が違うことによって、自己実現と社会の変革が両立しにくいというか、していないと感じる場合がすごく多いことです。柳澤さんが先ほど、平和のあり方として苦労が報われることへの戦争世代の実感を指摘されましたが、一九七〇年生まれの私ぐらいまでだと、そこはわかるのです。つまり右肩上がりの時代に成長して、最後はバブルだったのですけれども、就職も含めて可能だった時代に生きてきた。だから自分が頑張る、自分が苦労する、そして自己実現をしていくことと、社会が良い方向に向かっていくことについて、ある種幸せなハーモニーにある感覚があったのです。

ところがそれが、就職氷河期だったり失われた世代と言われるようなところになると、ガクッと変わっていく。これは、共感力がない新自由主義につながる利己的な合理的選択論が社会に浸透していくことと関連していると思うんですけれども、ネオリベ的な政策が進んでいく中で、社会が良くなっていくことと、自分が頑張ることがつながらなくなっていく現実がある。そうすると、組織や社会というものが、何か単に自分を搾取するものに見えてくる。やりがい搾取みたいな状態に置かれたり、非正規労働のような形で使い捨てられるという形で、かつての幸せな調和と思われたものが失われた世代になっている。もちろん全員ではないですけれども、九〇年代半ばぐらいからは、多くの人に相当一般化していると思います。それは平和運動などの中でもよく感じることです。

逆に言うと、元気な年配の世代の人たちは、自分が頑張ることと社会が良くなることが、成功体験もあって調和していて、団結したり、集まるっていうことが重要だというふうに感じている。それに対して若い人たちは、自分は暮らしを立てなければいけないし、将来のこともあるし、自己実現もしていきたいけれども、自分が頑張ることについては、何か自分が使われているというか、どうしても自己犠牲というような感じの受け止めになっている。頑張ることは、すり減ってしまうことだという感じがすごくある。そこをもう一回つなげる必要があると思うのです。

平和をどうやって維持するのということ自体ももちろん、社会をどう変えていくかということについても、そこに参加してもらいたいと思うのであれば、やはり若い人たちがそのことを通じて自己実現もできているような形でないといけない。現在は若い人から厭戦気分みたいなものが失われている部分もあって、つまり戦争になってしまってもそこまで大きく変わるように思えないとか、どうせ今自分は自己犠牲を強いられていて報われていないし、生きていくだけで何とか精一杯という状態にあるので、その現実と戦場の差が見えにくくなっている。どうせ自分はそういうふうに使われている存在だし、リベラル左派の人たちは説教までしてくるから、かえって鬱陶しいと感じている。自分が生き延びることを考えて戦えと言われた方が、まだすっきりしているし、一本筋が通っているように見えるというのが、おそらくここまで荒んでしまった社会が提供していることだと思います。

だから極端に言うと、まさにアメリカがそうだと思いますが、経済的徴兵制みたいなものが生まれている。若い人たちが自己実現を市民社会でもしていきたいと思って、あるいは普通の経済の中でしていきたいと思っているとしても、大学に行くために軍隊に入るとか、何らかの形で軍に取られていくことも含めて、考えなければいけない社会になっていくと思います。本当にそこで一つ完結してしまうことがあると思っています。

柳澤　その自己実現というキーワードで言えば、社会の中で自分が負け組になってね、社会が自分に対して何もしてくれないと思うと、逆にそんな社会なんか戦争で壊れてしまった方がいいということになりかねない。何か他人を破滅させることが自分を満足させるような、そういう一種の歪んだ自己実現、達成感みたいなものに陶酔したいという気持ちが出てくるという心配も、ネット上の声で出ていると聞いています。そのぐらい本当に若い人たちは深刻な状態にある。本質は社会を変えなくてはいけないところにあるのだけれど、良心的な人は自分を責めて、自分が悪いと諦め、そうでない人は、そんな社会なんか壊してしまうという衝動に駆られる。そんな感じがしていますけれどね。

愛国心を利用した戦前の教育と同様の現象が現在も

伊藤　今の自己実現の話について考えると、二つの方向性があるように思います。一つは、社会を壊すことに自己実現や欲求が向かう場合であり、もう一つは、自分が何も役に立っていないと感じながらも、自己実現や承認欲求を求めて社会や国のために尽くそうとする愛国心の方向です。このような心理を利用したのが戦争であり、特に戦前の日本の教育でした。滿洲事変以後、大日本国防婦人会を発足させるなどして女性の戦争協力を促進したのも、陸軍が家庭に閉じ込められ抑圧されていた女性の自己実現や社会的承認欲求を利用したものといえます。

現在、戦前のように明確な愛国心を押し付ける教育は行われていませんが、同様の現象が形を変えて現れていると感じています。人間は誰しも弱い気持ちを持ち、自分の幸せを追求しようとしますが、その思いから戦争に駆り立てられることがあるのではないでしょうか。誰かが意図的に行っているわけではないかもしれませんが、もし日本で徴兵制の議論が起こった場合、反対する人もいる一方で、自分の存在価値を見出そうとする若者も少なくないかもしれません。そうした状況で「国のために戦わないのか」と問われ、心が揺らぐこともあるでしょう。

私自身、高校生の頃に愛国心を持っていた時期があったことはお話ししたとおりです。長い歴史と文化を持つ日本のために何ができるか、自分の存在意義を見出したいという思いがありました。このようなヒロイズムや若者の純粋な気持ちを利用する面があるのが戦争であることに、改めて警戒心を持つ必要があると感じました。

憲法というルールが国を縛る役割を果たしている意味

伊藤　先ほど、エリートたちが間違えるという話がありましたが、合理的な意思決定や軍事的な合理性においても、人間は様々な間違いを犯してきました。憲法は、もともと人間が間違いを犯すことを前提に、権力者を縛るためのものです。民主主義の国では、権力者を選ぶのは国民ですが、時には多数の意思でとんでもないことを行ってしまうことがある。憲法は、自分の弱さや不完全性を自覚した上で、いざという時に破ってはいけないことを冷静な時に記しておくものです。憲法の存在意義は、まさにそこにあります。

立憲主義の国々では、いくら多数決でも奪ってはいけない価値として人権が設定されていますが、日本は、他国にはない「政府に戦争をさせない」という平和主義も立憲主義の本質として追加しました。普遍的な立憲主義は人権尊重のために国家権力を縛ることですが、日本は戦争の経験から、どんな理由があっても国家として戦争を選択してはならない、政府に戦争させないという考えを憲法九条と前文に盛り込んだのです。

このような独自の縛りを持つ日本と、国民の支持を受けて戦争を行うことができるアメリカは、全く異なる国です。それにもかかわらず、単にアメリカに守ってもらえるからといって従うのは同盟のジレンマに陥るもので、国の安全保障に関して楽観的に過ぎて危険です。

共感力という言葉が出てきましたが、私も大人向けに話す際には、想像力や共感力についてしっかりと話すようにしています。共感は、戦争の相手に対するものや他者に対するものも重要ですが、同時に為政者が国民の思い、特に多数者に共感しすぎると弊害が生まれることがあります。ウクライナの戦争を見ても、多くの国民が戦争を恐れつつ、国を守るために強い国にならなければならないと考えています。政治家がその思いを汲み取って政策を実現しようとすると、共感力がマイナスに働くことがあり得ます。だからこそ、憲法というルールが国を縛る役割を果たしているのです。

私の基本的な考えは、憲法九条があろうとなかろうと戦争は良くないというものです。平和を実現するための手段として憲法前文、九条を捉えていますが、もしそれがなくなった場合、単に「戦争はよくない」という考えだけでは、人間の弱さから国中が一気に盛り上がる状況に陥る恐れがある。大切な人が目の前でひどい殺され方をされれば、ほとんどの人は憎しみや怒りを感じ、やり返したいと思うでしょう。私も含めて、誰もがそのような弱さを持っています。だからこそ、感情や情念に流されないように、憲法などのルールであらかじめ縛りをかけることが重要。このルールがあることで、大きな違いが生まれるはずです。

しかし、最近そのルールが機能しなくなってきているようです。憲法の規範性が失われていると言わざるを得ない状況です。二〇一四年までは、憲法九条に基づき専守防衛で個別的自衛権しか行使できないと政府は言い続けてきましたが、他国が攻撃されても攻撃できる、すなわち集団的自衛権行使容認という大きな変化が起こってしまった。憲法五三条には臨時国会召集の規定がありますが、二〇一七年に野党議員が臨時国会の開会を要求した際、当時の安倍内閣は九八日間も放置し、招集したと思ったら冒頭で解散してしまった。このように政府は憲法を無視する行動を続けています。そうなると、憲法九条や五三条の規定はあってもなくても同じになってしまいます。憲法が任意規定のようになり、軟性憲法化している状況が広がってしまっています。

最近の自民党の裏金問題も同様です。ルールがあるのに、その抜け道を探すことに為政者が一生懸命になっている。大人が子どもたちにルールを守らない社会を見せている。ルールが不適切であれば変えるべきですが、決められたルールは守らなければなりません。その確信が揺らいでしまっている。もっと私たちが声を上げてそれに抗わなければなりません。法教育や市民教育が不足していることが、根本的な原因だと感じます。

死刑は残るが戦争を禁止した国、死刑を廃止したが戦争を認める国

伊藤　柳澤さんのお話にあったように、自分が嫌なことを他人にもしないのが人権の基本です。私もそう思います。しかし、高校生の頃、戦争は良くないと言われる一方で、日本には死刑制度があることに疑問を持ちました。死刑制度は犯罪を抑止するための手段として、犯罪者の命は奪っても仕方がないという価値観が根底にあります。戦争の相手国に対しても、攻撃してくる国の国民は生きる価値がないとされることにつながります。しかも袴田事件をはじめ死刑冤罪事件が存在するにも関わらず、検事総長談話を見てもわかるように検察は一向に反省しようとしません。

興味深いことに、西欧の国々は死刑を廃止していますが、戦争という形での殺人は正当化されています。ビン・ラディンのような人物に対しては、刑事罰として死刑にすることはできませんが、その場で撃ち殺すことは可能です。日本は逆に、憲法で戦争を禁じているのに、死刑で命を奪うことが正当化されている。私は、戦争であれ死刑であれ、どちらの人殺しも認めない国でありたいと思っています。そのため、九条の会などで話をする際に、参加者の多くが戦争反対と言いながら、実際には七割から八割が死刑に賛成していることを指摘し、「それはおかしくありませんか？」と質問を投げかけるのです。この問いに対して、「戦争と死刑は別の問題だ」と反論されることがありますが、私は「誰の命も大切にする」「人を道具として扱ってはいけない」という考え方が、「個人の尊厳」という言葉に含まれる重要な意味であり、憲一三条の本質だと考えています。個人の尊厳を尊重し、人を何かの道具や手段として使ってはならない。このような価値観が普遍的なものであるなら、戦争も死刑も同じ問題であるはずです。

II

「共感力」が平和の力になる条件

クラウゼヴィッツの「戦争の三位一体」の意味

柳澤　さっきの戦争という論理の中で言うと、私も退職してからいろんな戦争学の古典を勉強しようやく始めましたが、例えばカール・フォン・クラウゼヴィッツ『戦争論』では、二つの大事な命題があります。

一つは、戦争は政治目的達成の手段であるというものですが、実はそこには大きなヒントがあって、戦争という暴力行為そのものが目的ではなくて、何か国家としての目的を達成せんとするがための暴力だということなのですね。そうであれば、その目的の持ち方をちょっと変えたりすることによって、戦争は防げるのではないかということになる。そこに私は自分の非戦の考え方の一番のベースを置いているのです。

もう一つクラウゼヴィッツが言っているのは、戦争の三位一体という有名な言葉、概念です。ナポレオンが王侯貴族の戦争から国民戦争の時代を主導していくのですが、そういう国民動員の戦争の時代に入ると、その戦争の中で一番大事なものは国民感情なのだというものです。国民の支持がない戦争はできないし、国民が後押ししなければ戦争はできない。それにくわえて、三位一体の「三位」というのは、戦争は錯誤の連続なのでそれをうまくこなせる軍隊のアートが必要だということと、さらに戦争目的を理性的に考えることができる政治の理性が不可欠だというものです。そして、この三つの組み合わせで戦争の姿が決まると言っているんだけれど、やはり国民というファクターが一番大事なのです。

そのときにやはり国民というのは、民主主義社会であっても、戦争というものに熱狂してしまう側面がある。動機はいろいろあるのだけれど、なかなか異論をさし挟めないような状況の中で、国民の意識が傾いていくことが戦争にとって一番必要な条件になっていっている。そこを考えると、ベスト&ブライテストも固定した発想の中で考えているから間違えるわけで、結局、戦争をするにしても止めるにしてもね、一番大事な力は国民なのです。そうするとそこで求められるのは、幼児教育というよりは、高等教育の問題になるのかもしれません。今政府が進めている政策が少しおかしいのではないかとか、そういう疑問を持つだけの知識と感性・感覚を養うというのが、高等教育の目的になるはずだと思います。そうでないと、民主主義社会は発展しない。政府の言うことに何も疑問を持たなければ、世の中は全く発展しなくなるわけですから。

イスラエルが今やっている戦争も、本当に愚かな戦争であって、自分の安全が脅かされるような結果をもたらす馬鹿な戦争だと思います。けれども、その中で国内でも批判がちゃんと出ている。そういう民主主義の根付いた強さみたいなのがある。それに対して日本は本当にそこが弱いという感じはしています。

人間に報復感情はあるが共感力もある

柳澤　もう一つ言うと、伊藤さんが言われた報復感情というのは、やはり戦争の大きなエネルギーになっていると思うのです。共感力との関係で言えば、やはりやられたらやり返す、特に自分の仲間がやられれば仇を討つみたいな、そういう感情って当然ある。そして相手を悪者だと決め付ければ、お互いの猜疑心や恐怖心が争いのもとになってくる。これは古代ギリシャの世界からの話ですが、そういうことを考えても、国民感情はすごく大きな要素で、また戦争の要因ではあります。

ただ私が思うのは、そこには別の要素もあることです。例えばベトナム戦争において、ベトコンの少年を射殺したアメリカの兵隊が、確認のために死体に近寄ってみたら、胸からその少年の恋人と思われる写真が出てきて、こいつも俺と同じ人間だったのだと気がつく話も思い出します。その後彼がどうなったかは、私が見た書物には記されていませんでしたが、戦争で生き残った兵隊がトラウマを抱え、自分が生きていることを罪悪だと感じるような人格障害に陥るという事実は、人間の共感力の本質をあらわしていると思うのです。同じ仲間を助けなければいけないというＤＮＡがあるから、それに反して同じ人間を殺すということをやると、どこかで揺り戻しが来る。そしてそのやった者自身の人格が壊れていく。違う言葉で言えば、私は多分人間の一番下には仲間を助けるというＤＮＡがあって、そうでなければ人類は滅びているはずなのです。同時にその上には、もう少し社会性を持ったところで、あるいは共同体意識があるところで、報復感情とか恐怖などが出てくる。しかし、本当の一番深いところの人間の共感力というのは、やはり困っている人を助けなければいけないところに本来あるはずではないのかと、そんな気がして仕方がないのです。

そこに問いかけていくことで、政治による戦争の選択を熱狂的に受け入れていいのかも、しっかりと問い直すことができるのではないか。国民の選択の問題として、大いに問われてくることではないかと思います。

伊藤　本当にそうだと思います。私が大切だと思うのは、この「仲間」という概念をどこまで広げられるかということです。

家族を守るために他の家族を攻撃することから始まり、自分たちの部族を守るために他の部族を攻撃する。そして、それが広がって自分たちの国を守るために他の国を攻撃するようになります。逆に守るべき対象がもっと広がれば、同じ人間としての仲間意識が芽生えてくるのではないでしょうか。この「仲間」という概念を、想像力や知性によってどこまで広げられるかが問われていると思います。

ＮＨＫの大河ドラマで「徳川家康」が放送されていましたが、国内で内戦が続いている中、家康がやっと戦いを終わらせるという内容でした。戦いそのものが嫌だという感情も影響しているでしょうが、さまざまな情報が行き交うことで、地方によって言葉は少し違っても、同じ日本人、同じ大和の人間として理解し合えることがあるはずだという信頼が徐々に広がったのが一因だったのではないかと思います。

その意味では、情報をきちんと共有できることや、それを教育によって理解すること、さらにはそうした理解を深める知性を育てることが重要。自分の周りの小さな世界だけでなく、世界全体への仲間意識、言い換えれば人間愛やヒューマニズムが重要だと、今お話を伺って感じました。

柳澤　この鼎談の最初の報告で、中野さんも「愛」という言葉を使っておられました。確かに、仲間を助けたいという感情は、仲間の定義次第というところがあって、仲間でないやつはやっつけてもいいということになると、報復とか憎しみの対象になる。だからどこのところで本当に裸の人間としてのもともとのDNAはどこを向いているかということ、あるいは自分がどこを向きたいかということを考えていかなければいけないと思います。私だって、家族をやられたらやり返したくなる、そんな気持ちに当然なると思います。ただそれは、平時の個人の問題としてそこをどうするかということですね。戦争の問題、国家の行動をどう評価していくのかは、また別の問題だと感じます。

「共通の利益」から「共通の人間性」へ

中野　今のお話の関連ですが、イスラエルによるガザにおける戦争に関連して、国連の事務総長のグテーレスが「コモンヒューマニティー」ということをよく言ってきています。「共通の人間性」と訳すのでしょうか。今お二人がおっしゃっているように、共同体のレベルにとどまった報復感情になるのか、より人間性のところでつながろうと踏みとどまろうとするのかというときに、一つのキーワードになると思います。

国民国家の論理というのは、それこそジョン・ロック以来、コモンウェルスなのです。要は共通の富ということなので、利益ベースなのです。だから国益は何なのかということになるし、あるいは資産を持っている人たちの自由な権利、所有権を重視して政治社会を作っていこうということが原点にある。正直に言ってしまうと、すごくマッチョな論理になるのです。その要は、もともと白人男性の富裕層しか権利を持ってなかったところから自由主義が始まるわけで、それが拡大していく過程にあるというのが自由主義の道徳的な正当性だと思うんです。けれども、そういう形で利益ベースでつながることで共通の利益を探るのは、確かに大事なことではある。

だから戦争を防ぐことを考えたときにも、お互い共通の利益があるからということは、よく外交でも言われることですし、決してそれが無駄とは言えないです。けれども、そこに止まってしまうと、脆弱性が最終的に残ると思います。その際、敵対するときあるいは実際に人が殺されて報復感情が芽生えたときにでも、人間のレベルで、あるいは共通の人間性でつながれるのかどうか、何とかそこで踏みとどまろうとすることができるかということは、本当の意味でのセキュリティ、安全保障とやっぱり深くつながっていると思います。ｓｅｃｕｒｉｔｙという言葉を見ると、ｓｅは接頭辞でセパレートとかセレクトと同じで「離す」という意味です。その後のｃｕｒｅというのは、英語だと治療薬とか直すという意味で使われますけれども、もともとは治療の対象になる悩みとか心配の意味なのです。語源は違うのですが、ｃａｒｅ（ケア）という言葉も内容的には完全に重なっていて、現在、ケアの政治学や倫理学が改めて注目されていますが、男性中心社会においてはそういうケア、心配事を排除して、どれだけ自分が強いのか、どれだけ自分が稼げるか、競争に勝ち抜けるのかということになっていて、人間が本来持っている弱さや儚さ、死んでしまうことや年老いることなどが切り捨てられた前提で動いている。

「共通の安全保障」の逆を行く抑止力

中野　ただセキュリティというのは、悩み事を取り除くことがもともとの意味なので、そこを考えると安全保障の分野でも共通の安全保障しかないと思います。つまりイスラエルがいくらガザを攻撃したところで、それでイスラエルが安全になるわけではないということは、私も柳澤さんがおっしゃることに全く同感で、安全保障政策として完全に破綻している。そもそもテロ攻撃にあったこと自体、ガザを占領してあれだけ痛めつけてきた結果だという現実があるわけで、今のやり方は彼らが言うところの次のテロリストを生むことにしかつながらないのは明白なのです。あるいは、アラブ諸国はもちろん世界全体に反イスラエル感情を世界的に広めてしまって、お互いの安全保障がどんどんダメになっていく状態になっている。つまり要となるのは、お互いが弱さでつながるのがすごく重要だということです。死ぬのが怖い、死にたくない、生きて自分の望むことをやりたい、そんなところでつながるのが共通の人間性だと思います。そういう議論が今、完全に見えなくなってしまっています。

柳澤さんもよく講演などでおっしゃっていますけれど、抑止の発想はそれとは全く逆なのです。つまり恐怖を相手に与えることによって追いやろうという発想ですから、本来のセキュリティの語源からすると真逆なのです。そうではなく、心配事があるからそれを一緒に取り除こうという発想にならなければいけないのに、心配事をさらに加えることによって戦争が防げると思うのは、そもそもセキュリティポリシーとして破綻している。論理的にうまくいかないことがわかっているのに、そこに専心してしまっている。社会全体が人間の弱さのレベルでつながる共感力を持たないと、共同体の論理だったり、敵味方の論理にあっという間に回収されてしまって、共感力の武器化が行われるということを、元山君も指摘していると思うのです。つまり共感力が武器化されたのが、柳澤さんが紹介したことですが、クラウゼヴィッツの言う戦争に必要な国民感情というものだと思います。それがあるからこそ、情報戦という形で、仮想敵の悪魔化をメディアなどで両側がやっている。

さらに言うと、私は非合法な戦争犯罪が行われない戦争はないと思うのです。論理的には戦争には国民感情が重要なので、戦争をやっている側からすれば、向こう側からやめようと言い出させるためには、相手の国民を痛めつけて厭戦気分を引き出さないといけない。だから、民間人殺戮は必ず行われるというか、戦局が膠着しだしたらそれをやらない理由がない。負けるよりかは、向こうが先に不利な条件でも降参するような、あるいは調停を求めるようなところに追い込むしかないわけですから、戦争が長期化すれば不可避的に民間人の殺戮、戦争犯罪が行われる。

でもだからこそ、そこに至る前に、お互い死ぬことを恐れているし、お互い今の状況で言えば地球の温暖化とか、様々な切迫した問題がある中で、どうやってそういう共通の脆弱さ、共通のか弱さを自覚し、そこに人間の尊さがあることを受け入れて、国内社会も国際社会もそういう方向に転換させていかないとダメだと思います。

自衛官や米兵の死を望まないなら、そういう政策を政府に求める

柳澤　戦争の歴史の世界でいうと、国民を全部戦争に動員しなければいけないという時代になると、そういう国民が病弱であっては困るからということで保健制度ができて、女性も銃後で使わなければいけないから政治に参加させようというので参政権が付与されるということになります。ただそれは、

自動的にそうなったのではなくて、弱者の側がたゆまなく要求して、運動してきたからなのです。それが国民国家のその時代のニーズにも合致して、今こうやって民主主義とか福祉制度が成り立ってきているという側面があるのです。

ただ共感力ということで、私はもう一つ元山君の話の中で気になっているのは、米軍だって一生懸命やっているのだから批判してはいけないみたいな議論があるということです。それを彼は心配しているのですが、自衛隊とか米軍の配備や動きが活発になっている沖縄とか九州に招かれる機会があると、そこの人たちに向けたメッセージとして私が申し上げていることがあります。それは何かというと、自衛隊を誘致したほうが地元経済の活性化につながるので歓迎する声はあると思うのだけれど、いざ有事になれば、民間人の被害を気にする以前に、自衛隊員や米軍人がまず確実に犠牲になるわけで、あなたたち地元のみなさんは、そういうことを見たくて自衛隊を誘致したんですか、そのことを自分の問題として考えてくださいということなのです。すでに誘致したのであれば、そして良き隣人として振舞ってほしいと思っている人であれば、自衛官や米兵が戦争が起きて真っ先に犠牲になることは、決して望んでないはずなのです。そうであれば、政府の安全保障政策についても当事者意識を持って捉え、兵隊さんの命を守る視点に立って考えなければいけない。兵隊さんの命を守らなければ住民の命だって守れないのだから、政府に対しても兵隊さんの命を守る政策をつくるべきだと、そういう要求を突きつけてけいかなければいけないと思うのです。ここまで来た以上は、少し目先を変えて考えて新しいコンセンサス作りをしていかなければいけない。そういうことを私は申し上げています。抵抗感もあって、なかなか素直に受けてもらえないところがありますけれど、そうだよねと言ってくれる方も結構います。

ロシアや中国との対話を拒否する考え方を沖縄ツアーで感じた

伊藤　毎年、塾生を連れて沖縄スタディーツアーを行っていることはお話ししました。二〇二四年で二四回目になります。現地に行って改めて感じたのは、力で相手を抑え込もうとすることは間違ったやり方だということです。

日本国内では、本土の政府と沖縄との関係が取り上げられています。本来、沖縄にも憲法で地方自治が保障されており、国と自治体は対等でなければなりません。二〇〇〇年の地方自治法の改正によってそのような枠組みが整えられましたが、いまだに本土の政府の都合で沖縄の民意が抑え込まれています。沖縄の知事は対話を求め続けていますが、政府はそれを無視し、対話をしようとしません。力で押さえ込むことが常態化しており、相手が何を言おうと力で抑えればいい、お金をばらまいておけば黙るだろうという考えが、日本国内で堂々と行われています。

さらに、裁判所もその状況に対して適切な歯止めをかけられていないのが現状です。辺野古の新基地建設を巡る二〇二三年一二月二〇日の判決では、国の代執行を認める内容でした。高裁の裁判官も悩んだと思います。すぐに判決を出すこともできたでしょうが、かなり考える時間を取ったようです。また、判決の中で裁判長が国と県との対話を求める「付言」をつけたのも異例で、対話が重要だと裁判所があえて言わなければならないほど、今の日本では対話が行われていない状況なのです。

戦争の問題を考えると、日本国内ではお金や数の力が重視されすぎており、それが昂じて武力や軍事力などの力が重要だという考えにつながっている。南西諸島の軍事化を阻止することは、戦争反対の観点からも重要ですが、強い力を持つ者が弱い立場の者を支配する構造が当たり前であることに対して、疑問を持たなければいけないのではと思います。

昨年のスタディツアーでの体験を一つお話しします。私の塾には司法試験のために勉強している学生だけでなく、公務員試験のために勉強している学生もおり、沖縄にも一緒に行きました。その中に、防衛省に入りたいという優秀な塾生がいましたので、「なぜ防衛省に？」と尋ねてみました。彼は神奈川県出身で、周りに米軍基地があり、アメリカ軍人や自衛官が身近にいて楽しい思い出があったそうです。その影響で、子供の頃から防衛省に入りたいと周囲に話していたとのことです。

「じゃあ、このツアーに来たのはどうして？」と聞くと、「私は辺野古の基地が必要だと思う。だから現場を見てから発言した方が説得力があると思って来ました」と答えました。私からは、敵基地攻撃能力や軍事的な抑止力が必要な場合もあるかもしれないが、それに依存するのは安全保障のジレンマに陥るのではないかと話しましたが、彼の考えはやはり抑止力が重要だというものでした。

さらに話を進めると、彼は「中国やロシアは普通の外交では話が通じない」「対話ができない国に対しては、軍事的な力しか有効ではない」と主張し、中国国内のウイグル自治区やチベットの人権侵害の実態を指摘しながら、万が一日本がそのような国に占領されたら同じことになるのだから、抑止力が重要だと結論づけました。

私がそれに対して述べたのは、最終的には主権者である国民が決める問題だということです。官僚が安全保障についてどう考えていても、抑止力が本当に重要かどうかは国民が決めなければなりません。将来、防衛官僚になった場合には、それを国民にしっかり説明し、国民が納得してそれでもいいというなら仕方がないが、憲法のルールには従わなければならないと話しました。

すると彼は、「国民にはもちろん説明しますが、国民が理解できないこともあるのではないですか？」と言い出しました。私は、それを言ってしまうと戦前のクーデターを起こした青年将校と同じ発想になってしまうと説明し、そうならないために憲法があるのだと説得しました。しかし、彼は「憲法を守って国が滅ぶ」という内容の反論をしてきて、結局は堂々巡り。彼の根底にあるのは、中国やロシアが怖い、対話の相手ではない、話し合っても無駄だという感情です。この問題は、対話や議論することの持久力・忍耐力の問題であり、沖縄との対話を拒否する政府の態度ともつながっていると感じました。

「利益の共同体」から「ボーダーのない共同体」へ

中野　米兵や自衛官に関わる批判の難しさを柳澤さんがお話しされて、それともつながってくるのですが、共同体とか共感力を論じる場合、先ほどコモンウェルスのことを言いましたけれど、利益の共同体止まりであるとそういう話になると思うんです。つまり国家であったりとか、あるいは会社もそうですし、だから米軍とか自衛隊もそうなのですが、要は、組織のために頑張っている人を批判していいのかということが、日本ですごく言われるわけです。下手をすると、派閥の裏金問題などもその論理でくぐろうとする。つまり、安倍派が組織的にやったことだと言うと、我々の感覚では組織ぐるみのひどい犯罪だと思うのですが、やっている側は派閥全体、組織でやっていたことだから、自分には責任がないということになる。利益の共同体のために思考を停止することが許される。むしろそれが奨励されている。

それに対して、そういうボーダーがないケアの共同体、あるいはセキュリティから持ってくる「ｃｕｒｅの共同体」でもいいですけれども、人間がその弱さでどこまでつながっていけるのか、弱さを守るために社会を作り直していくというか、そういう試みが求められるのではないでしょうか。立憲主義の発想にしても、誰でも持てる権利が守られなければいけないもの、社会として守るべき権利のことを言っているわけです。利益の共同体というのは、基本的には、どうしてもボスがいて、そのボスが一番利益があって、その下におこぼれをもらいに行くという構造でしか作られない。そうではなくて、よりボトムアップ的に、誰もが等しく自由であって幸せになれる、あるいは自己実現を追求できることを目指していくという発想が求められると思います。

イラク戦争を一つの契機として、アメリカが国家レベルでも利己的な振る舞いベースの方向に大きく踏み出してしまった冷戦後の社会がある。そして、アメリカがそう振る舞っていることがロシアや中国などにも投影して、そういう世界が自己成就的に作られているのではないかと思っています。

戦争を避けるために相手のどんな動機、目的に着目すべきか

柳澤　伊藤さんが紹介された防衛省志望の方の話を聞いても、ロシアとか中国は話ができる相手ではないと、そう決め付けているわけです。ただ私が大事だと思うのは、戦争であっても経済的な対立でも、特に戦争の場合は、地震と違って何らかの動機があることです。利益であったり憎悪であったりね。先ほど言ったように、戦争というのは目的達成の手段ですから、その目的がなぜ生まれるのかという背景があり、動機があるわけです。それが暴力的な手段でなければ達成できないと思ったときに、戦争という手段を選択するわけなので、その選択を回避させるには、相手がどういう目的を持っていて、何を彼らは大事にしようとしているのか、そこら辺の発想がないといけない。もちろん、話したってすぐにわかり合えるような相手でないことは間違いないのですが、相手だってこちらのことをそう思っているわけです。

それでもアメリカと中国は、気球の問題でずっと延び延びになっていた米中首脳会談についても、ようやくサンフランシスコで実現します。その間、国務長官も実務担当者も含めて、何度も何度も協

議を重ねている。一方で今の日本は、そういう協議すらしようともしてないところが問題なのです。話の通じないやつだから話してもしょうがないというのは、ついついそう思ってしまう面はあるのだけど、それは実は政治外交の怠慢以外の何物でもないのです。もちろん、対話で防げないかもしれないけど、とことんそれを追求せずに、のんべんだらりと戦争までいってしまうとすれば、それはもう政治の失敗であり、無駄な戦争以外の何物でもないと思います。

Ⅲ

「正戦論」をどう克服していくのか

正義の相対性を主張するだけでは解決できない

柳澤　次に、久道さんが心配されている「正戦論」の問題です。素直に平和意識を共有できる若い人であっても、あるいは社会に関心を持っている人たちであっても、人権を大事にしたいと考えるからこそ、人権を脅かすやつらをやっつけなければいけないということで、正戦論のようなものが出てくる素地があると思います。台湾問題をめぐってもそういう意見が自分の身の回りでも出ていると久道さんが紹介されていますけれども、自分が正義だと考える、それを力ずくで実現しようとすれば、それはまさに正戦論であって、立派に戦争を正当化することになるわけです。でも、相手だってそう思っていて、例えばプーチンにしても、ロシア系の住民がネオナチのウクライナに虐げられていて、それを助けなければならないという正義があるので、どっちもどっちだという部分がある。正義というのは相対的なものなのです。

ただ、正義の相対性を言っているだけでは、この問題は解決しない。正義の相対性を認めることが大事なのだけれど、少なくともそれを武力で解決しないようにしようというのが、日本国憲法の前文にも書かれていることだし、国連憲章に定められた国際社会の最低限のルールなのです。同時に、そう言ったとしても、戦うべきだと考えている人たちの発想は変わらない。あなたの言っていることは理想だけど、現実にはルールに従わないやつがいるじゃないかということで、そこで止まってしまう。

そこで私がもう一つ考えてもらいたいのは、「うんわかった、戦うべきだ」となるとして、ではその戦いを誰がやるんですかということです。あなたが銃を持って戦うのですか、そういう問いが必要ではないのでしょうか。そこがまた共感力が必要なところです。

かなり以前のことですが、三〇歳代の方とお話ししたときに、似たような話になりまして、「誰が戦うのですか」と問いかけました。それに対してその方は、「だってそれは自衛隊の仕事でしょ。俺の仕事じゃないでしょ」というお答えでした。でも、自分はやりたくないけれども、お前は仕事なのだから命をかけてやれというのは、幼児教育でも教えられる一番最低限の道徳に反する問題になってくるわけです。私はその自己犠牲、自分が属する仲間、それは社会や国や家族でも何でもいいのだけれど——のために犠牲をいとわないという勇気——は、一方で人類にとっても必要だし、大事なものだと思うんです。しかし同時に、自分は犠牲を払う気がない人間が、他人にそれをやるべきだと主張するのは、どこかが違っていると思います。

私は現役の頃、政策決定の側にいたけれど、自分が鉄砲を持って行くことはない立場だと自覚していました。現在は、年齢的なことを考えても、余計に自分が銃を取るようなことはない。でもだからこそ、そういう立場にある人こそ、戦場に行く兵隊たちの命に対してむしろ臆病でなければいけないと思うのです。この問題を説得力あるものにするには、理屈の世界での対立をどう管理するかという問題とあわせて、一人の人間としてあなたは他者にそれを強要できるのかという、人間としての感情への問いかけも必要ではないかと思います。

台湾問題をめぐる日本、アメリカ、中国の論点

柳澤　もう一つ、台湾問題について言うと、歴史的な背景や現在の事実関係について、適切な知識も必要です。言わずもがなのことですが、台湾というのは、日本が第二次世界大戦で負けたときに、戦争を終わらせるための条件として、日本から中国に返還されたところです。さらに、日中国交回復のときに、日本は一つの中国という原則を基本的に受け入れている。アメリカも、台湾の独立は支持

しないと明確に言っています。ですから、普通の国がお隣の大国から脅かされているというのとは、ちょっと違う関係があるのに、そういう事実を知らない人もいたりします。また、そういう台湾の人たちが独立を望んでいるかというと、圧倒的な世論は、戦争してまで独立しようとは思っていない。ただ同時に、中国と一緒になろうとも思っていない。こういう歴史と事実をふまえ、やはり台湾の人たちが自分で責任を持って決めていかなければいけない問題なのだということが、一番大事なポイントです。周りから何か口出しすることによって、事態を余計悪くしないためにも、ある程度の知識も必要です。

中野　柳澤さんのアメリカと中国の話からまず受け止めると、アメリカが戦争するかしないかということは、最終的に民主主義によって判断されるわけです。逆に言うと、立憲主義でそれを止めるすべがない国だという、今でもそういう議論があります。対中開戦があるのかどうかも、おそらくやってみないとわからないのが本当のところでしょう。だからバイデン政権にしても一本槍ではなくて、戦争回避の方向に向かう努力もありましたし、トランプ政権に代わって少なくとも当面はガチンコの経済戦争の激化が中心になって軍事衝突の可能性がさらに遠のく可能性もあります。他方でトランプが習近平と経済的な「ディール」を成就させたら引き換えに台湾を見捨てる可能性だってある。もしそんな事態になったときに、アメリカは関与せず、下手をしたら日本や台湾が戦争して抗うならやれば、と放置されることになりかねません。

それに対して、日本は立憲主義によって戦争しないという建て付けになってきたのに、今は憲法のタガが外れた状態になっている。では、民主主義でそれを止めることが可能かというと、同時に民主主義も壊されちゃっている。だから、先ほどの防衛官僚志望者の話じゃないですけれども、殺傷的な能力のある武器の輸出なども含めて、政治家とか官僚が勝手に決めていく話になってしまっている。国会での議論をしないで、どこの誰が方針を決めたのか、議事録も公開されない中で何となく既成事実として流れていくというのは、これまで立憲主義の側でタガをはめてきた国の持っている弱さであると思います。それがまた、九条をどう考えるのか、どうやって戦争しないのかということにつながっていくと思います。

戦うリベラリズムと話し合うリベラリズム

中野　その上で、正義の相対性とか正戦論をどう考えるかという問題で、もちろん私も柳澤さんのおっしゃることに同感なのですが、私自身の整理ですと、強いリベラリズムと弱いリベラリズムというか、あるいは濃いリベラリズムと薄いリベラリズムと言った方がいいのかもしれませんが、ちょっと考え方の違いがあると思うのです。別の言い方をすると、戦うリベラリズムと話し合うリベラリズムでもいいのかもしれません。

それは、国際秩序の維持だったり国際社会をどう運営するかとも関わってきますが、薄い方の話しあうリベラリズムというのは、異質な他者と共存すること、戦争を回避すること、国際法や国際連合などによって話し合いで解決していく方向を何よりも優先するということになります。そういう意味では、共通の安全保障を狙っていくことです。リベラリズムがなければ、そもそもそういう国際協調主義は出てこなかった。もっと言うと、第一次世界大戦でヨーロッパが破滅的な打撃を受けたことによって反戦平和感情が芽生えて、さまざまな理由で一応、民族自決の考えが生まれ、国際連盟が創設され、国家間、民族間を最低限どうやって生きていくのかということについて、戦争の災厄を踏まえた上での一つの転換、動きがあったと思います。

しかし今、目の前で言われているのは、プーチンみたいなのと共存できるのか、中国の習近平と共存できるのか、いずれどこかで決戦しなければいけないのではないかということです。つまり、人権侵害をしているとか同性婚を認めないということを、場合によっては力によって決着させなくてはいけないということです。これが戦うリベラリズム、そして濃いリベラリズムということになります。

リベラルな規範が他の国で守られていない場合、それを力で解決するというのは多分、第二次世界大戦の教訓とされるもので、ジェノサイドのナチズムと戦ったとか、日本に原爆を落として勝ったので自由と民主主義の世界が守られたという話です。だから、もう一回そういうことをやってもいいのだという発想の人たちが今、正戦論を持ち出してきている。

私は二〇二三年一二月にドイツに出張したのですけれど、ドイツは戦うリベラリズムの国です。憲法で禁じられたのはナチズムであって軍隊ではないし、集団的自衛権も含めてずっと容認してきました。西ドイツ時代に、東ドイツと対峙する中でも、コンセンサスとして確立されたのは、ある種の戦うリベラリズムでした。それがナチズムへの反省、第二世界大戦の反省から学んだところです。そのドイツがイスラエルを支持するのは、アメリカの論理と同じで、自由民主主義対野蛮な勢力のテロリズムだと整理をした上で、テロとは戦っていいのだという話になっている。

しかし私は、それはおかしいと思います。つまり、自由と民主主義を守るためならば、戦争していいのかということです。戦争すれば必ず自由と民主主義はその段階で犠牲になるので、自由のために戦うというのは論理的に矛盾しているというか、両立できないと思うのです。戦うリベラリズムということにあまり偏ってしまうと、結局、力が強くなければリベラルは勝てないことになり、弱い相手にしか勝てないリベラリズムというのは、偉そうなことを言っても全然説得力がないことになる。つまり二重基準だと見られてしまう。

西側諸国は、これまで戦えて潰せる相手だったらそうしたけれども、核兵器を持っているロシア相手にはそれができず、むしろ信用を失っている段階にある。現実を見ると、プーチンとはそろそろ落としどころを探っているようでもあり、結局共存するしかないことになる。そう考えると、そもそも戦争する段階で自由や民主主義がだいぶ損ねられてしまうし、相手に対しても戦争犯罪を犯すことは不可避的に起きるわけですから、リベラリズムを守ると言っている割にはリベラリズムが破綻していくことにならざるを得ない。だからそこは限界として受け入れた上で、話し合うリベラリズムを選択する必要があるのではないかと、私自身は思っています。ただそれを今の段階でいうと、日本はかなり頭に血が上った段階にあるし、特に戦争のリアリティもないことがあるので、共通の安全保障の実現に近づくことが議論さえできない状況になっていることを心配しています。特にそれが、戦争を回避するためにはある種汚い妥協も含めて必要だということになると、余計に受け入れられないでしょう。

不祥事も組織のためなら英雄視される日本

伊藤　先ほど中野さんが「利益の共同体」についてお話しされたことに関連して思ったことがありま

す。最近、自民党の裏金問題やダイハツの不正問題、ビッグモーターの問題など、組織のガバナンスに関する大きな問題が度々浮上しています。アメリカなどの外国で起こったコンプライアンス違反は、個人が利益を追求するために法令を違反することが多いですが、日本の企業の不祥事やコンプライアンス違反は、基本的に組織や会社のために行われることが多いです。そのため、コンプライアンス違反をした人が組織内で英雄視されたりすることがある。例えば、企業や政治家の不祥事で担当者や秘書が罪を押し付けられても、組織のために犠牲になったと評価されることがあります。

企業は、自らが正しい行動をしていると信じている一方で、他社に勝つためには不正を行うこともやむを得ないと考えることがあります。このように言い訳をしながら、組織の利益のために不祥事を繰り返し、不正が隠蔽され続けることがある。企業の不祥事において指摘される「不正のトライアングル」、すなわち動機、機会、正当化の三つが揃うと不正が行われやすいという指摘は、あらゆる不祥事にも当てはまるように思われます。例えば冤罪や人質司法の問題では、犯人を逮捕し処罰するために多少の不正が許されるという正当化が行われてきました。同様に、戦争も国家という大きな組織の中で正当化されてきたのです。国家の場合も、大義のためには仕方がないという正戦論を基盤として正当化が行われます。民主主義を守るためには、専制主義的な国家を殲滅し、排除しなければならないという考えが広がっているのではないでしょうか。

中野さんが指摘した弱いリベラリズムは人間の弱さにつながりがあるように思いました。ここでいう弱さというのは、今、結論を出してすっきりしたいと思ってしまい、考え続けることを放棄してしまう弱さです。ときに明解な結論をだせずに、宙ぶらりんのままにしておくことは不安定な状態を受け入れることですから、難しく、厄介なこと。どちらの正義や大義が正しいのかもわからず、民主主義や自由主義が本当に重要なのかという疑問を持つこともあります。台湾の問題にも関連しますが、台湾の人々は戦争してまで独立する気はないでしょう。一方で、中国に支配され香港のようになることは避けたいはず。そのため、現状維持が選ばれますが、この言葉にネガティブなニュアンスを感じる人がいるように思います。同じく日本では「棚上げ」や「先送り」という言葉はネガティブな意味合いで使われることが多いです。しかし、尖閣問題に関して中国との間で先送りや棚上げにすることは、実はとても賢い選択だと思っています。今の私たちにはこの問題を解決するだけの知恵がないかもしれませんが、将来の国民は、お互いが共有できる知恵を生み出せるかもしれない。だからこそ将来の世代に委ねるという意味で、先送りや棚上げは自分たちの限界を知った上での謙虚さの表れであり、人間の限界を理解していることを示しています。これは理性と知性が発揮された立派な政策選択であり、その結果、現在の両国民の命や安全が守られるとしたならば、むしろ賢い選択といえます。

戦争とは別の道を探り続けるプロセスを尊重する忍耐力が大切

伊藤　最近では「グローバルサウス」という新たな勢力も現れています。そのような状況の中で、どの国の主張が正しいのかを国同士で軍事力によって早急に決着をつけることはどうなんでしょう。国同士の考え方が分かれているときに、それを戦争という手段で一気に解決しようとするのは、決闘の時代に戻ってしまうものであり避けなければなりません。人類の進化の歴史は、決闘としての戦争をやめて話し合いで解決することを目指してきたはずです。

第一次世界大戦までは、軍事同盟が幅を利かせ、秘密外交が行われ、政治の延長としての戦争に勝った方が正義という国際秩序がありました。しかし、その結果が悲惨なものであったため、戦争ではなく協議の場を設けて話し合いで解決しようという流れから国際連盟が生まれて集団安全保障体制による国際秩序が希求された。残念ながら日本は満州事変以後、国際連盟を脱退し、日独伊三国同盟を経て敗戦を迎えます。日本は戦後、同盟政策から決別し集団安全保障体制をとることを決意し、憲法前文で「平和を愛する諸国民の公正と信義に信頼して、われらの安全と生存を保持しようと決意した」

と謳いました。相手に不信を持ち敵とみなして、軍事同盟による力で押さえつけるのではなく、平和を愛する国民が他国にもいるはずだという信頼を基に行動しようとしたわけです。先ほどヒューマンコミュニティについてお話がありましたが、憲法はまさにそれを基にしている。だからこそ、同じく前文で「国際社会において、名誉ある地位を占めたいと思ふ」と堂々と胸を張れる。正戦論では大義のために戦うことが前提となりますが、「何が大義なのか、あなたが言う大義は何なのか？」と問うと、大抵は自由や民主主義、人の命が挙げられます。しかし、それを守るために命を奪うことは完全な自己矛盾です。大義のための戦いという概念自体が矛盾している。それに気づき、今は答えが出なくても、そのことを考え続けること、戦争とは別の道を探り続けるプロセスを尊重する忍耐力が大切だと強く感じます。

規範と法の違いが大事である

中野　リベラリズムの限界であるとか、あるいは正義の相対性を考えたときに、規範論と帰結論の区別をつけておく必要があると思います。つまりはカント的な絶対的な規範で、人を殺すなというのはもちろんそういう規範なわけですけれども、法の背後にあるもの、それを支えているものは、やはり規範性であることは間違いありません。ただ単なる規範と法の違いは何かと言うと、法ということになってくると帰結まで考えることになる。実際、例えば帰結論として有名な功利主義のベンサムは、刑法の改正ということになると、死刑も含めて過大な懲罰が本当に公共の福祉にかなっているのか、最大多数の最大幸福になるのかという観点から、ここら辺にしておいた方がいいということを考えるわけです。それは先ほどの濃いリベラリズムと薄いリベラリズムと重なってくる違いだと思います。

つまり規範イコール正義だから、これを力ずくででも実現すべきだと考えるのか、あるいは法律化できた規範、それは国際法だったり国際連合憲章だったりするわけですが、この範囲の中で共通の合意に達した上で、その後は話し合いで決着する、力で押しつけることはできないということで、帰結を考えてその方がいいのだと考えるのかという違いでもあると思います。

先ほどのアメリカの話でいうと、ガザの文脈で面白いというかちょっと怖い論文を読んだのですけれども、バイデンがしているスピーチなどにおいて、国際法という言葉が出てこないと言うのです。つまり、イラク戦争も含めてアメリカは国際法を自分で違反してしまうことがあるので、ロシアを批判するときも、あまり国際法違反ということは言えない。中国に対しても実は言えないわけです。自分たちが調印していない、批准していない国際法がいっぱいあるわけで、むしろ中国の方が批准している場合もある。そういうことがありますので、国際協調を諦めて一国主義的に切り替わり、同盟政策に大きく踏み出した二〇〇〇年代ぐらいからだと思いますが、ルールベースドオーダーという言葉を使い始めたそうです。日本ではそれを法に基づく国際秩序と訳しているのですが、ここは誤訳というか、意図的な誤訳があるわけです。ルールですから、ロー（法）ベースドとは言っていない。言えないから言わないわけです。

何を言いたいかというと、アメリカは、法制化されてない規範の方に偏って、その規範を貫くために秩序を守るのだと、だから国際法だけでは不十分だという立場に立っている。場合によっては、国際法は変な使われ方をして、自分たちの主権を制限するということで、嫌がっているわけです。バイデンでそうですからトランプでどうなるかは明らかです。それに対して、むしろ中国などの方が、内政不干渉、国家主権の平等尊重を盾に取ろうとしている。内政干渉されたくない事情があるので、国際法の議論にむしろ相当の力を入れて、政策関係者も鍛えられてきているのです。国際法の使い方が巧みになってきて、それが余計アメリカにとっては不満なので、国連離れ、あるいは国際法離れが進む原因になっている。協調の範囲は同盟国や同志国にとどめて、むしろルールベースドオーダーの立場で、いずれにしても力の行使を厭わない形を堅持している。

そこで想起させられるのは、ルールという言葉、カタカナにした場合のルールというのは、「法の支配」をルールオブローというように、支配という意味もあるわけですよ。だから、アメリカがルールと言ったときに、あくまでも明文化された規則のことで、みんなで合意したルールだから、それを誠実に履行していこうというものなのか、それとも力によって規範を支配的に実行していくというところまで踏み込むのか、同じ言葉を使っても、実際の中身で違いが生まれる可能性があるのです。日本がアメリカの尻馬に乗って、支配を意味するルールズベースドオーダのために武器を取るようになったということで、アメリカをはじめ西側諸国から褒めたたえられているようになるのではないか。そこに怖さを感じるということを、正戦論に関して思います。

日本人は歴史的宗教的に正戦論がもっとも苦手ではないか

柳澤　正戦論というのは、本来、神の意思を実現するという意味での正義だったのですね。イスラエルとパレスチナの争いの根源にも、旧約聖書の時代から、神の意志を実現するという意味の正義を求めるような部分があるわけです。そして西ヨーロッパが世界を支配するようになった一六世紀ぐらいからだと思うんですけれども、その時代に出てきた正義は何かというと、アジアとかアフリカとか南アメリカの国々というのは、キリスト教が届かない未開の地であって、そういうところの政権を倒してでも、あるいは現地の人をたくさん殺してでも、そこにキリスト教と文明をもたらすことが神の意志であり、正しいこと、正義なのだという、そういう意識がずっとヨーロッパには染みついていると思います。

アメリカはそれを受け継いで、この土地は神の意思によって我々に与えられたものだというマニフェスト・デスティニーがあって、神の意志という名のもとに、いわゆるネイティブ・アメリカンを全部皆殺しにしていくわけですよね。そしてやがて太平洋を渡ってハワイを統合して、スペインと戦争してフィリピンをぶんどる。そういう発想を持っている国のそれは、強いリベラリズムというよりは、むしろ宗教がかった正義感に支えられている部分があって、それが大きな戦争の要因になってきたと思います。

二〇世紀に入ると、そこにドイツとか日本とか新興勢力が割り込んできて、それはダーウィニズムと同じで、強いものが支配して当然だという思想とか、生存権が当然必要なのだというレーベンスラウムとか、それを引き写した大東亜共栄圏みたいなものが生まれてくる。ただ日本の為政者は、大東亜共栄圏をめざすに際して、天皇という神の存在を広めるようなことは本気で考えていなかったと思うのだけれど、そういう形で正義の戦いを演出しようとして、完全に敗れたわけです。

そこで今、自由とか民主主義の考え方が基本的に世界を支配して、それ自体は恩恵をもたらしているがゆえに、やはり広く受け入れられるし、我々も自由と民主主義は大事だと思っているわけです。

人権を守るために、人の尊厳を守るために、それが必要だと思っているわけです。一方で、日本人のDNAの中には、特に神の正義をベースにしたものは存在しないのではないか。なんて言うのだろう、自由と民主主義を大事にしたいということと、それを力ずくで押し付ける正義というのは、日本人の中ではあまり両立しないものだと思います。だから、アメリカであれば、ウクライナ支援をめぐっても、自由と民主主義のアメリカは自由主義の武器庫であるべきだ、みたいなことを言うのです。けれど、同じようなことを日本人に言ったって、あるいは他国の自由を守るために日本人が命をかけるべきだと言ったって、それが心に響くとは思えない。言葉としてはかっこいいと思うかもしれないけど、島国であった日本人にそんな発想が影響を与えて、そんな覚悟が共有できるとは思えない。そこが日本人の弱さでもあり、また、だからこそ異なる価値観を結びつけ、仲介もできるという利点でもあると思うのです。正戦論を考えるときには、日本人というのは、歴史的宗教的に正戦論がもっとも苦手な人たちなんじゃないかなと考えるのですけれども。

中野　柳澤さんのおっしゃることよくわかりますが、一方で、大東亜戦争は正戦だったわけです。

柳澤　そう。正戦という衣をつけたわけですね。

中野　そうなのです。それはだから、明治の天皇制が一神教の真似をしたことと関わってくると思います。日本が西洋化する中で、宗教性をまとわせたナショナリズムをつくったことで、戦争まで行ってしまったわけです。その日本が、今でも自由で民主主義をあまり信じてないことで矛盾しているというのは、おっしゃる通りだと思います。

ただ西洋の場合も、西洋と東洋というのは、西洋言語で言えばオキシデントとオリエントなのですが、もともとその発祥は宗教性を見ていて、教会の分裂があり、東方教会と西側のローマを中心としたところで、西と東というものがかなり原型的にできている。もっと言えば、ギリシャ世界までが西洋で、そこから向こうはトルコも含めて、非西洋で野蛮な民だというところがあるわけです。柳澤さんは西洋の宗教性の正義とおっしゃいましたが、西洋の側は、未開の人たちには私的所有権がわかっていないということで、キリスト教とセットで私的所有権という制度を教えるように接してきた。教えるというか、最初はお前たちは子どもだからわからないだろうという態度でアプローチし、そしてわかってきたら文明化されたと認めてあげようという形にしていくわけです。

そのことが今も背景としてあるというか、むしろそれが今また、ないまぜになっていると思います。つまりトランプ政権的なところとバイデン政権的なところと、政策があまり変わらない理由は、保守の場合も、伝統的なキリスト教、あるいは一国中心主義、あるいはその西洋中心主義というものと、リベラル正戦論というものが、ごっちゃになっているというか、それをまとうようになっている。だから、その気持ち悪さがある。日本の場合には、かなり修正主義的な歴史観を持っている人たち、そして立憲主義と民主主義を壊してきた人たちが、西洋諸国アメリカに対しては、日本もルールベースドオーダーを支えるために一緒に戦いますと表明し、大歓迎されているのが現状です。

ところで、今のキリスト教ですが、英語だとジュデオ（ユダヤ）・クリスチャニズムと言われるようになっています。もともと反イスラエル、反ユダヤ主義というのは、キリスト教からの差別だったにも関わらず、最近、西洋言語の中ではそういう言葉が生まれている。反ムスリムの形で、同じ一神教同士でも、ユダヤとキリスト教は西洋社会文明の中心にあるという形で、自由や民主主義という錦の御旗のもとに、正戦論への関与が展開されていて、そこに日本が調子よく矛盾しながらも、尻馬に乗っている。けれども、見た目からして白人に見えない日本だから、Ｇ７でも大歓迎されるという状況だと思います。

同質性を求める日本人と西洋の人びとの発想は異なる

伊藤　中野さんから「ルールベースドオーダー」についてお話がありました。私は、法律を学びたいという学生や社会人にいつも伝えていることがあります。それは、ルールやＬａｗには二つの意味があるということ。一つは「べき論」、つまり「こうあるべきだ」という「規則」で、もう一つは「である」という事実を示す「法則」です。法とは、基本的に「こうあるべきだ」という規則を示す「べき論」であるということです。

世の中には宗教上の規範や会社の就業規則、道徳などの規則があります。その中で、古典的な議論として、法は道徳とは異なり、国家権力の強制力を伴った社会規範とされています。法には「こうあるべきだ」という規範だけでなく、それに反した場合の効果がセットになっているのが一般であり、要件と効果が明確に定められているのが法的責任です。これが道義的責任や政治的責任とは異なる点であり、例えば、刑法における罪刑法定主義では、犯罪の要件と刑罰という効果があらかじめ法律で定められている。だから、予め法で定められていない行為は刑罰を科されず、この行動の自由が守られるわけです。

中野さんのお話を聞いて、効果を明確に規定している国際法が存在しない世界で「こうあるべきだ」という規範を主張することには整理が必要だと感じました。例えば、自分たちの正義を実現しようとする場合、その規範を振りかざすだけでは、効果が曖昧なために武力行使を選択することも可能になってしまいます。国際法は一応法と呼ばれていますが、その概念は非常に曖昧で、効果が明確でない部分も多くあります。それでも、できるだけ明確にしようとする努力が進められてきた。だからこそ、「こうあるべきだ」という規範、つまり正義だけを前面に出すことには危険が伴うのです。

西洋の人々が「正義」と言うとき、そこには歴史的な宗教的背景があることは明らかです。特に一神教の神との契約という発想が根底にあり、神との縦の関係が人々同士の契約、つまり国家の設立などの社会契約に繋がっている。これは、日本人の同質性を求める社会の捉え方とは根本的に異なるものです。

安全保障や憲法の話とは少し離れますが、日本でももちろん契約は重要です。しかし、日本社会には契約に対する強い意識があまりありません。実際に契約を結ぶとき、日本の契約書の最後には「誠実協議条項」が必ず入っています。賃貸借契約の場合も、契約の最後に「この契約において定めがない紛争や解釈に関する疑義が生じた場合には、誠実に協議して解決する」という内容が含まれています。しかし、これを西洋の人、特にアメリカの人に説明すると、意味が分からないと言われることがよくあります。契約は紛争を避けるためにあらかじめ決めておくものであり、契約に書かれていることが全てです。書かれていないことが起こった場合に話し合いで決めることができるなら、そもそも契約を結ぶ必要はないではないかというのです。私も外国の人に、日本で契約する際にはこの条項が必要だと説明するのが非常に難しいと感じることがあります。これは、日本にはその都度、話し合いで落としどころを見つけるという風土があり、それが暗黙のうちに契約の世界にも持ち込まれていることを示しています。

日本と西洋が異なることは
日本が独自の役割を果たせること

伊藤　関連があるかは分かりませんが、以前「エゴ（自我）」という言葉について調べたことがあります。日本人は自我が確立していないと言われることがありますが、エゴという言葉はもともとギリシャ語の「エゴーゲ」に由来し、「少なくとも私は」という意味だそうです。それに対して、日本語の「私」の語源にはいくつかの説がありますが、「我を尽くす」という考え方があり、我を尽くしきってなくしたのが「私」であるという説があるようです。これは無私という概念につながるものです。西洋では自分を主張することが重視されるのに対し、日本では自分をなくす、あるいは他と一体となることが「私」の語に含まれている。このような言葉のニュアンスの違いも社会の捉え方に影響しているのかもしれません。

先ほどの神との契約の話に戻りますが、西洋と日本の違いは、一神教と多神教の違いだけではありません。多神教の例としてギリシャやインドがありますが、日本は多神教の中でも偶像崇拝がないことが特徴とされています。山や海、川、さらには石ころまでも神として崇める文化があり、他者や自然と一体になるという考えが当たり前に存在している。日本には自然の中で育まれた宗教観があり、西洋の発想とは相当異質な部分があるようです。

そのため、日本人は自然を敵対して克服すべき対象として捉える西洋的な発想を超え、自然との一体感を感じ、共存の対象として見てきました。この考え方は自然だけでなく、人間同士の関係にも拡張できるはずです。ガザの紛争のように、宗教が根本的な原因となっている世界の紛争から一歩距離を置き、人類としての一体感や他者に対する深い慈しみや愛を大切にすることをめざす、日本だからこそできる独自の振る舞いがあるのではないでしょうか。

日本の役割は、アメリカと何でも一緒にしようとするのではなく、日本の独自のあり方を発揮し、得意な部分を大切にすることにあるのではないかと考えています。

中野　正戦論に関して補足します。先ほど、ルールベースドオーダーという考え方をめぐって、アメリカなど西欧諸国の言い方が変わってきているというお話しをしましたが、その論文を書いたのは南アフリカのジョン・ドゥガードという人です。南アフリカがイスラエルをジェノサイドの罪で国際司法裁判所（ＩＣＪ）に提訴し、公聴会も開かれましたが、その南アフリカ代表団の一員でした。

伊藤さんが法と契約の問題でお話しされましたが、契約が明文化されていなかったりする問題について言えば、国家の場合は、要は強制権の執行を前提に合意があるわけです。けれども、国際法の場合は、例えば条約を批准しているとか、国際組織に加盟しているということであれば、そうした合意があるのにアメリカが恣意的にこれがルールだと、これがルールベースドオーダーだとして、実際には自分たちの覇権だったり、自分たちの権益を前面に出して戦うようになってしまっていて、それが結局、国際法を超越したり、国際法秩序を壊していくことになっている。それが重要な論点ではないかなと思ったところです。

相手の立場に立って少し考えることができれば

柳澤　南アフリカがイスラエルのジェノサイドについて国際司法裁判所に提訴している件ですが、ネルソン・マンデラなどの黒人の平等化運動の伝統もあるのかもしれないけれど、私はグローバルサウスの一員としてのそういう動きをすごく注目しています。

久道さんが心配している正戦論について話を戻すと、若い人たちに正義の戦いは当然だという感覚が自然に入っているという問題は、実は大昔からあります。それが戦争が大きくなる要因にもなってきました。

ちょっと話が飛びますけれど、戦争では防衛産業が一番悪いという見方がありますが、それはどうでしょうか。武器輸出などの問題はあるとしても、防衛産業が戦争を主導しているという捉え方については、私は以前から違うと思っています。やはりそのそれぞれの国には、その歴史に裏付けられて国民が共有する正義感みたいなものがあって、それが国という共同体全体を、あるとき戦争に走らせる要因になってきたと思うのです。だから、武器輸出に反対することを私は否定はしないけれども、本当に戦争の元になっているのは、まさに共有された正義のようなものであって、そこを見間違えないようにしなければいけないと思います。

いずれにしても、そういう観点で正戦論を捉えてみれば、どの国であっても正しいと思わなければ戦争なんかできないということは、そこに少し違う見方を入れて相手の立場で考えてみると――相手を認めるのではなくても――、相手も同じことを考えているのではないかと分かる。あるいは、目的達成のためにはいろんな他の手段がある中で、なおかつ戦争を選ぶのですかという問いかけ、あるいはその戦争は誰が実際に戦うのですかという問いかけができるようになるし、こちらも目的が達成されるなら戦争とは違う仕方があるのではないかと考えてみることも可能になる。そういうことを粘り強く続けることが必要になると感じています。

IV　若い世代に何をどう訴えていくのか

自己肯定感につながるような接近の仕方が大事だ

柳澤　正戦論の話はこのぐらいにさせていただいて、もう一つの久道さんの問題提起に移りましょう。この鼎談では、若い人とのギャップをどう埋めるかが問題意識になっているわけですが、その若い人って、一体どういう人のことですかという問題です。

私には専門知識はありませんが、私の子どもの世代は今ちょうど四〇歳代半ばでして、それはロストジェネレーションという就職氷河期の世代になります。その人たちを一般的に見ていくと、五〇歳代にかかる人も含めてですけれど、すごく自己肯定感が低いというか、そもそもそれを持てていないという言われ方をしています。勝ち組、負け組という言い方は好きではないけれど、就職氷河期であるがゆえに、大きな企業に就職することができなかったという状況があり、四五％ぐらいが非正規就労だと言われています。経済的な面というか、安定的な収入があるかないかだけで勝ち負けを決めるのはどうかとは思うけれど、四五%の半分近い負け組がそういう意識を持っている現実はあるようです。そうすると、現実に収入は不安定で、実際問題として経済的な問題で結婚もなかなかできないとか、結婚しても経済的な将来不安があって子どもをつくれない。

そして、そういう人は、自分がこんな状態になるのは、受験戦争、就職戦争において自分が上手く振る舞いができなかったからだという、自己責任論みたいなことで自分を評価してしまう。ただそういう人たちにとっても、自分たちが社会でちゃんと必要とされていて、社会の中で自分が役に立っているのだという、そういう達成感のようなものが生まれれば、それが支えになっていくだろうと思います。そこをどうしていくかが、この鼎談の主題にとっても大事だと思います。そのためにも、若い人には、なぜ自分がそういう状況に置かれているのか、よく伝えていく必要があると思います。

政府の政策を見ていると、子育て支援のメニューはいろいろあるけれども、本当にそういう若い人の現状にふさわしいのかという問題がある。実は子育て支援というのは、一日何時間か子どもを預かってくれればいいという話ではなくて、子どもを預けて共働きしなければいけない実態があるわけで、そういうニーズが出てくるという意味で、本当にいろんな社会の矛盾が全部そこに集中している世代なのです。今の日本の社会問題あるいは政治課題の一番中心であるべき塊のグループだと思いますけれども、その辺のところを若い人にうまくアピールできないもどかしさを感じます。

彼らからすれば、護憲という問題も、あるいは戦争をどうするかという議論にしても、自分は本当に自分のことだけで精いっぱいなときに、そんなことに付き合ってられるかみたいな見方も出てくるでしょう。だからこそ、そういう人たちが、社会のいろんな大きな問題の中で、自己達成感を一つひとつ確認できていくというプロセスがすごく大事だと感じます。このグループの問題というのは、まさに日本の政治社会のひずみの集中ですから、私は自分が接することができる範囲はすごく限られているけれど、護憲か改憲か、戦争か平和かというようなテーマを持ち出す前に、話を聞いてあげるとか励ましてあげるとか、そういう自己肯定感につながるような接し方が大事なのではないでしょうか。生活が苦しいから社会に目を向けることも可能だという現実もあるわけで、だから社会に目を向けることは実は大変なことではないはずで、自分でつくっている壁を取り払ってみようと語りかけ、自己肯定感を励ますようなお付き合いをしていくことが大切だと感じるのです。

一方で、ミレニアム世代とかZ世代という人たちは、まさにロストジェネレーション世代の勝ち組の方のお子さんなのだろうと思いますが、みんな素直だし、結構少子化も進んでいて守られている部分もあり、変な競争心もない。久道さんも言っているように、社会への関心も素直に持っている人たちです。こういう若い人たちには、今までの話の中で出てきましたけれども、本当にそれだけでよいのか、こういう考え方もあるのではないかという問いかけをしていく。素直なだけにそういう接し方が効果を持ってくるのではないかという感じがしています。

「今を変えれば未来も変わる」という実感を持ってもらうこと

伊藤　若い人たちに自己肯定感がないという点について、私も同感です。受験の影響や格差社会の現実がその理由と考えられます。若い世代の問題を考えるとき、私がいつも思うのは、彼らが見てきた世界が私たちの世代とはまったく異なるということです。たとえば、新宿のガード下が何を指すのか分からないでしょうし、「浮浪児」という言葉も聞いたことがないかもしれない。もちろん、戦争の傷病者の姿を見たことがある世代ではありません。「先の戦争」という言葉が私にとっては第二次世界大戦を意味するのに対し、若い人にとってはそれがどれほどの意味を持つのか、私が幼い頃に親たちが日露戦争の話をしていたのと同じ感覚だと思います。彼らが見てきた世界は全く違うのだと、過去を振り返るときに感じます。

もう一つ確認しておきたいのは、過去と同様に未来に対する時間の感覚も私たちとは異なるということです。今の若い世代には、まだまだ終わりを意識する必要がないほどの時間が残されている。ですが、私たちから見ると、いくら人生が一〇〇年と言われても、限られた時間に感じます。そうなると、これまでの経験が全く違うように、これからのことも見え方が異なるのは当然です。

私が若い世代に伝えたいのは、自己肯定感の話とも関連していますが、「今を変えれば未来も変わる」という実感を持ってもらうことが必要だということです。今何をやっても無駄だと思ってしまうと、何も変わらず、自分も変われず、周りも変わらないと感じてしまいます。だから、選挙に行っても意味がないと思ってしまうのです。そうではなく、勉強でこれだけのことを達成できたということも含めて、小さな成功体験を積み重ねていくことで、変わる、変えられると意識できるようになることが大切。その点で二〇二四年の衆議院総選挙で与党が過半数割れしたことは変化の兆しとして重要な意味があると思います。

「面倒くさいことにも価値があるんだよ」と訴える

伊藤　さらに、今の二〇代や一〇代後半の若者と話すと、彼らは非常に効率性を重視し、無駄を嫌う傾向があります。結論を先に求めたがるのです。以前は「コスパ」、つまりコストパフォーマンスが重視されていましたが、今は「タイパ」、つまりタイムパフォーマンスを重視していると感じます。映画や私の講義などの動画コンテンツも早送りで観ているようですし、無駄なものや時間がかかるものを避け、効率的で無駄のない生き方が好まれているようです。法律の本にしても、難しい分厚い本をじっくり読むのではなく、要点が分かる手軽なものを求める傾向にある。判例についても、元の判決文を避けて、三行や四行でまとめたものを覚えればいいという声もききます。

私は、「いや、そのまま判決文を読んでみたらいいよ。反対意見も読んでみるといろいろな意見があることがわかって面白いから」と勧めています。悩みながら、苦しみながら、一見難しいように見えるものから何かを見つけたときの喜びや、一見無駄に思える苦労の先にある楽しみや喜びを経験することが少ないのかもしれません。大げさに聞こえるかもしれませんが、結論を先に求めることは、結局、民主主義を否定することにつながるのではないかと危惧しています。民主主義は非常に時間とエネルギーがかかるシステムで無駄に見えることがある。専制的な名君や優秀な政治家が一人いて、みんながその人に従ってそこそこ幸せであればそれでいいという世界とは、民主主義は相容れません。

話し合い自体もそうです。自分と考えが異なる人との間で、お互いの意見を聞き、違いを確認し合い、妥協していくプロセスは時間がかかり、時には心がざわざわすることもあります。人と意見が違っていいということに慣れていない若者が多いように思います。ですが、逆にそのことの面白さを伝えると、興味を持ってくれる人もいます。私はこれを「有効な無駄」と呼んで、無駄に思えることにも実は意味があり、「面倒くさいことにも価値があるんだよ」とことあるごとに訴えています。

この考え方は、戦争と平和の問題にも通じるのではないでしょうか。「話し合いは無駄で効率が悪い」となると、話の通じない国を攻めて、さっさと叩きつぶせという考え方につながります。議論に耐える忍耐力をつけておかないと、国全体が一つの方向に流れてしまう危険がある。だからこそ、その根底にある面倒くさい部分にも意味があることをもっと伝えたいのです。

柳澤　戦争の準備だって、本当はものすごく面倒くさいことなのです、実はね。しかし、平和をつくっていくということの方が、もっともっと長いスパンがかかるし、ずっと面倒くさいことであることには間違いありません。それにしても、私なんかこの歳になると、面倒くさくないことには意味がないと思いますけどね。面倒くさくないことをやっていても自己満足が得られないというか、面倒くさいことこそが自己実現の道だというか、自然にそういう発想になっているのですけれど、なかなか若い頃にはそうはいかないのかな。

伊藤　料理一つとっても、料理が好きな子は、面倒なプロセスを楽しむことができますよね。デリバリーの方が早くて便利だと考える子もいますが、面倒くささの中にある楽しさを知ることで、別の世界が広がると思います。

社会に支えられた自由から社会性のない自由へ

中野 冷戦の終焉と新自由主義のもとのグローバル化というものが、かなり大きな時代背景になっているところがあると思います。冷戦期というのは、国際的な文脈においても国内でもそうですけれども、不倶戴天の敵と共存しなければいけないところは共有されていた部分があった。国際的に見ると、共産主義あるいは社会主義のようなライバルがあったけれども、核戦争の時代に入っている状況の中では、睨み合いながらも、そして限定的なあるいは代理戦争は起きるけれども、直接的な全面戦争には踏み切れないで、いやが応でも他者と共存しなくてはいけない状況がありました。国内においても、労働者たちが先鋭化して革命に向かっては困るから、保守の側、資本家の側も一定程度は妥協して、階級間闘争を先鋭化させないようにやっていたと思います。

しかし、新自由主義が広がり、冷戦が崩壊する過程の中で、結論は出た、どこが勝ったかもはっきりしたんだということで、社会性のない自由へと大きく舵が切られたのではないでしょうか。個人や自由というものと社会というものは、対立的に捉えることも可能なわけですけれども、個人や自由はもともとは社会に支えられなければ存在しないものであることが見失われてしまい、かなりの部分が対立的に捉えられるようになってしまいました。社会の制約や拘束から自由になりたいという部分がかなり強くなり、勝ち組が頑張ればトリクルダウンしてくるから負け組にもおこぼれがあるという経済的な部分はもちろん、社会性が人と人との関係全般において相当希薄になったということを、自分自身の人生体験からしても感じます。我々三人とも世代が違うけれども、そういう時代を知っていることでは共通している。

それに比べると、私のすぐ後にくるロスジェネの人たちは、かなりひどい目に遭っています。大学を出たのがほんの一年か二年の差なのに就職先がないとか、正規雇用が見つからないとなってくると、あまりにもアンフェアという気持ちになります。それが私自身にとってもかなり負い目になっているところもあり、ギリギリすごく恵まれた日本の社会に支えられて自分が生きていけるようになっているので、特に後輩に当たる人たちのことを思うと、社会に対して恩返ししなければいけないという意識はあります。学者になってからも同じでして、大学も新自由主義化してポストも削られていますし、優秀なのにタイミングの差だけで就職できないでいる人たちを見ていると、自分みたいに常勤の職を得られた人間は、職を失う危険性もないのだから言いたいことは言わせてもらう、言わなければいけないという気持ちがあるのです。社会性を取り戻すことは、我々の責任としてやっていかなければなりません。そうでないと、その世代の人は、人生では自己啓発系とか、政治では維新のような新自由主義改革系に惹かれてしまい、自分が勝てばいいという方向に行ってしまう。それをどう避けるのか。

先ほど伊藤さんがおっしゃった、いわゆる「タイパ」、タイムパフォーマンスのお話しは面白いと思いました。お年寄りがいたりとか障害の方がいたりとか、そういう社会は面倒くさいし時間がかかるわけです。現在は、それに付き合うゆとりが失われているわけですが、他者と共存する面倒くさい社会は、自分が高齢化し障害を持つ可能性があることを自覚できるという点で、同時に人が自己実現する可能性がある社会でもある。柳澤さんが幸福追求とか自己実現ということに関して述べましたが、個々人をエンパワーすることに役立つ社会をどうつくるかが大事です。

このままでは護憲派や平和主義は信用を得ることはできない

中野 私は政治学者なので、そういう社会をつくることへの関心を失っている政治の問題は気になるところであり、それが正しい戦争があり得るという考え方や、戦争で決着するしかないという発想に通じていると思います。日本に限らず中国や台湾や韓国でも同じですけれども、これまで東アジアにおいては、お互いがもうちょっと面倒を見合っている社会でした。保守的で家父長的な中で面倒を見合っている保守バージョンもあれば、再配分を重視することで面倒を見合う社会民主主義的なバージョンの両方が存在していたと思います。しかし、その両方ともが崩されていき、国民を統合しない社会ができた上に、日本で言えば君が代だ、日の丸だと叫んだり、あるいは内なる敵、外なる敵を名指しすることによって、求心力を担保しようとする政治が九〇年代以降、かなり顕著に見られました。中曽根康弘さんに始まり、小泉純一郎さん、橋本龍太郎さんも同じですけれども、いわゆる改革派と言われる首相が靖国参拝をセットでやってきた。それは結局、規制緩和や弱肉強食の政策を進めながら、靖国などのシンボルで一体感をごまかそうとすることでした。これは中国における愛国教育と同じなのです。

それに騙されないようにしないといけない。一つの国、社会の中でもお互いが面倒を見合い支え合うことによって、ようやく自己実現ができるのだから、そういう方向に社会を変えていかなければいけない。すでに自由な強い人の自由だけではなく、誰もが自由になれるようにするのが本当の自由主義だという考え方をとる方が、ほかの国との関係を考えたときも意味があると思います。とりあえず白黒はっきりつけることができないような場合であっても、話し合いを続けたり、あるいは何らかの形で調停したり、とりあえず妥協をしたりを積み重ねていくことの方が、お互いどちらかがせん滅するまで戦うのだというような非現実的な思考方法よりずっと望ましいし、そういう思考方法は核兵器が拡散している時代の中でとってはいけないと思います。日本の場合は、過去にあった支え合う社会も、親分が子分の面倒を見るようなもので、かなり保守性が強いバージョンだったと思いますが、若い人たちはそういう社会さえ体験したことがない。今選択するとしたら、より社民的なお互い支え合うことの方がいいとは思うのですけれども、いずれにしてもそちらの方に押し戻していくことを、私の残りの人生をかけて言ったら大げさですけど、それなりに本格的にやらないと申し訳ないという思いです。若い人たちが上の世代を「お前らはいいよな」という冷ややかな目線で見ていることには、ある種もっともと言える面があって、食い逃げしているだけではダメなので、せめてその社会のほころびを直すというか、底が抜けたような社会を作り直すことをやらないと、いわゆる護憲派や平和主義は信用を得ることはできない気はします。

ロスジェネ向けに特化した政策が必要ではないか

柳澤　中野さんは市民連合で活躍されていて、二〇二三年末に野党に対する政策提言も出したりしておられます。私が中曽根さんの時代から思ってきたのは、アメリカの制度に合わせた新自由主義的な構造改革路線が日本で進んできて、結果として日本経済は借金づけになり、貨幣流通量だけでもっているという非常にいびつで脆弱なものになってしまっています。それから遅れて、軍事的にもアメリカの路線を日本が進むようになってきた。さきほどから議論してきたように、そういう路線の中身が日本人のセンスで担っていけるのかという意味で、やはり脆弱性があったと思います。そういう中で私は、私の思いだけが先走ってなかなか具体化は難しいのですけれど、ロストジェネレーションが人口構成的にも、社会を回すという意味でも、日本の中核になっている。そのジェネレーションであるのに、そういう人たちに向けた政策の視点が失われているのではないでしょうか。老人福祉だとか子育てだとか、そういう世代への政策は出てくるし、消費税をなくしましょうとか、減税しましょうとかいう一般的な政策は議論されるのだけど、ロスジェネ向けに特化したような、何かポイントになるような政策を打ち出さなければいけないのではないか。そういうことを野党の政治家に話したこともあります。市民連合の政策提言では、憲法九条を生かした外交・安保政策も提唱されているようですが、中野さんが今言われた底が抜けた社会の立て直しということを、政治的な課題として提起していくやり方は何かないのかなと思っているのです。

九条と一三条はセットにして理解すべきである

中野　日本の防衛政策においても、それこそ集団的自衛権の行使容認を正当化するときに、かなり議論が歪められました。それまで「わが国に対する急迫不正の侵害があること」が自衛権発動の第一要件だったのが、閣議決定で「わが国に対する武力攻撃が発生したこと、又はわが国と密接な関係にある他国 に対する武力攻撃が発生し、これによりわが国の存立が脅かされ、国民の生命、自由及び幸福追求の権利が根底から覆される明白な危険がある」場合は集団的自衛権も発動できるようにしてしまった。つまり、一三条の幸福追求権を九条を歪める理屈として使ったわけです。

ただし、自衛権は個別的自衛権に限るという時代のときであっても、九条と一三条はセットで議論されていて、一三条の延長線上に二五条があることを考えると、九条を議論する際、その辺のことを包括的に捉える議論をしておかないといけないと思うのです。今回の能登半島の災害もそうですし、コロナのときもそうだったと思うのですが、そういう困ったときに経済的な支援が貧困だと、何のために税金を払っているのかと疑ってしまうことになります。それなのに、一方では防衛費を増やしていくという話になると、どこまでも成り立たない議論になってしまうでしょう。

私自身の理解では、やはり九条と一三条はセットになっています。九条にもとづく平和国家の内実というのは、一三条にあるような全ての国民を個人として尊重し、その生命、自由や幸福追求のために国政をとにかくやるのだというものでなければならない。具体的に何をするかといったら、健康で文化的な最低限の生活を全ての人に保障するし、公衆衛生などについて国が最大限の義務を負ってやらなければいけない。それが九条と一三条、二五条の関係です。

現在の政治はそういう方向性を向いていないので、私は野党の間では、この方向が政策プライオリティとして、また大きな原理として、共有されるべきだと思います。法や規範は政治にとってはとても有用なツールになるわけで、書いてあるから実際にそういう状態があるわけではないけれど、ある状態にしていくプロセスが政治の大事なところなのです。だから私は、市民連合の立場から、立憲の人たちにも、この辺のことを具体的に政策化したり言語化していくのはあなたたちの仕事なのだ、あなたたちが有権者に接してその人たちの票をもらうのだから、あなたたちの感覚でどこが響くのか、何が求められているのかを具体化してほしいと述べています。対立軸が考え方としてははっきりしていて、ここに野党の共通点があるのだから、どの政策をどの程度のスピードと優先順位でやるのは議論がわかれるのはいいと思うし、そのプロセス自体が民主主義だから大いに議論すればいいし、大同団結といっても全部が綺麗に整う話ではないけれども、全体的な方向性として、その辺を有権者に伝えるべきだということです。

安全保障の観点からしても、九条だけを取り出して主張しても、それで響くほど簡単ではありません。なぜ九条が大事なのかというと、人々の暮らしが優先される政治かけ離れてしまっていて、一三条があるから自衛するのだという論理を悪用し、むしろその一三条を抱えているから他国と争って国も国民も守れないというところに首を突っ込むというのは、どう考えても許しがたい歪曲だと思うので、そういう整理を市民連合の中でも共有したいと思ってやってきたのです。

この国を守りたいと思うには一三条が守られていることが必要だ

柳澤　正月の能登の地震があって、なかなか復興が思うようにいかないのを見ていて、防衛費の話を持ち出すまでもなく、関西万博の金をこっちに回せばいいじゃないかとか、本当に端的なおかしさ、プライオリティの歪みがあちこちにあると感じます。私は、今の憲法のもとでも専守防衛の自衛隊の存在は認められているという前提に立って考えますが、国を守るという考え方の根底にあるのは、その国は本当に国民が守りたい国なのですかということです。それが問われるわけです。社会の格差の問題、ひずみの問題、あるいは自己実現できない社会になっているという問題も、そこに全部つながってくる。ジェンダーの問題などもそうでしょう。そういう意味で私は、防衛にしても特殊な話ではなくて、結局は社会のあり方に行き着かざるを得ない問題だと思うのです。そして、一三条で保障されたことが守られているなら、そういう国は大事だから守りたいと思うのであって、その逆から論理が来ている感じがして仕方ありません。

伊藤　二〇一二年の自民党の憲法改正草案は、憲法に愛国心を盛り込もうとするものでしたが、これは国民が大切にし、愛して守りたいと思える国を自ら作れないから、上から愛国心を押し付けるような議論になるのです。愛国心は強制されるものではない。君が代の強制も同様です。自分の国を愛し、そのシンボルを大切にしたいという気持ちは自発的に生まれるべきものであり、法律で強制するのでは意味がありません。逆に言えば、そうせざるを得ないほど、この国が守りたい国とは異なる方向に向かっており、自分たちが大切に思うべき国土や郷土とは違う国になりつつあるということです。

私も、憲法一三条が根本であり、それを二五条でどう実現していくのかが重要だと考えています。そこを中核にしないと、一三条の幸福追求権を根拠に戦争を正当化する論理に使われてしまいます。憲法の考え方は本来、一三条の幸福追求を実現するために戦争という手段を取らないというものであり、幸福追求を実現する手段の歯止めとして九条があるはず。しかし、政府の解釈では九条の例外として武力行使を認める根拠として一三条が使われてしまっている。憲法学者の中にもそれを正当化する方がいますが、本来の意味が歪められていると感じます。一三条は、使い方によってはどちらにも転び得るものではなく、人間が自分らしく生き、幸福を追求するためのものであることをしっかり踏まえることが、今、とても重要だと思います。

先ほどのジェネレーションギャップにも関係するかもしれませんが、憲法が生まれた背景を考えると、税金の使い方を王族の好き勝手にさせてはいけないという考えが、憲法の出発点であり本質です。日本では憲法による財政統制の考え方（財政民主主義）が明治憲法から始まり、かなりしっかりしたものとなっていますが、国民の意識の中では希薄なままのように感じます。軍事費や防衛費の拡張もそうですが、今の自民党の裏金問題を見ても、政治家に好き勝手にされるのはおかしいという感覚を国民全体が共有することが必要です。

その原因の一つは、税金は私たちが一生懸命働いて払ったお金であるという自覚が不足していることだと、私は昔から思っています。源泉徴収も、日本では戦費調達のために戦時中に始まったものですから、戦争が終わったのだから止めればいいのですが、財務省はこれを手放しません。確かに、効率的で上手い税金の取り立て方なのですが、一方で国民の納税者意識を希薄にしていると感じます。

若い世代でも、手取りで自分の収入を考えるため、税金をどれだけ払っているか意識させない仕組みになっているのではないでしょうか。最近の一〇三万円の壁の議論は、国民に税負担の意識を喚起する上では一定の効果があるかもしれません。面倒かもしれませんが、自分で確定申告をして、これだけ稼いだのにこんなに税金で持っていかれるのだと自覚すれば、自分が稼いだお金を政治家が勝手に使っているという感覚が強まるのではないでしょうか。私は主権者意識が納税者意識と完全に同じだとは思いませんが、お金の使い方の面からもっと若い人にアプローチすることも可能だと思います。

柳澤　そうですね。いや私も退職するまでわからなかったところですが、そういうアプローチもあるだろうと思います。

中野　予備費がすごい額にふくらんでいることも、なぜこうなるのか考えると、すごく不気味です。戦時財政に向けて動いているつもりなのかと勘ぐらざるを得ないぐらい、憲法上の財政のチェック、議による財政のチェックを政府がかいくぐろうとしているのではないか。そこが透けて見えるところが、コロナ禍後に生まれています。

V

「九条を守れ」というスローガンをめぐって

九条的な国を守りたいと思うのであれば

柳澤　そろそろ話をまとめていきましょう。本書の企画のスタートになっているのは、今のような運動のやり方ではもたないのではないかという危機感です。だからといって、私が気の利いた話をできるわけではないのですが、まず九条を守れというスローガンだけでは、とても間に合わない。その理由は、例えばガザの戦争もウクライナの戦争も、あるいは世界中で起きているいろんな人権侵害にしても、それは九条の話ではない。つまり日本国憲法でカバーできない話なのです。だから、九条的な国のあり方を守りたいのであれば、今問われているのはまさに九条が届かない世界で起きている戦争や不幸にどう向き合うかという、それに対するビジョンなり解決策を持たないといけない。そういう意味で、九条を守れと言っているだけでは、護憲の立場は少数派になっていかざるを得ないと思います。

もう一つ私が感じるのは、戦争はダメだ、平和がいいという訴えは、それ自体は否定しないけれども、それだけでは何の説明になってないことです。憲法を変えようとする人たち、あるいは軍備増強をしたい人たちでも、まさに戦争にならないために抑止力を強化するというところからスタートしている。そのときに、戦争はダメだ、平和がいいに決まっているとか、全て話し合いでやれと言っても、それだけでは議論はかみ合わないし、説得力が出てこないのです。そこはやはり、戦争とは一体何なのだろう、なぜ起きるのだろうかというリアリティを持って、自分の認識を問い直していく必要があり、いかに自分の言葉で語れるかという研鑽をしていかなければいけないと思います。そして同時に、平和がいいと言っても、すでに申し上げたことですが、その平和のありがたさみたいなものを、本当に実感を持って言えているだろうかということも、自分でもついつい考えてしまうのです。そういうところについて、護憲を主張する人たちであればなおのこと、しっかり固めていく必要があるのではないか。それは遠回りで時間がかかるようだけれど、それがないと、若い世代に対してもそうだし、あるいは同年代の違う考えを持った人たちとの間でも議論がかみ合わないし、説得力を持った議論ができないのではないかという気がしています。

そういう意味で、くり返しになりますが、戦争とは何かということを自分なりに捉え直せば、例えば昔からの戦争学の定義があって、政治目的達成のための手段であると言われている。しかし、その目的を達成するために別の手段がないのかと考えれば、戦争を避けることができるのではないかというお話をしていくと、九条の会の集まりでも、本当にそうだなと問題意識を持って共感してくれる人もいるのです。もちろん、それではもの足りなくて、自分の聞きたいことではないという反応の人もいるのですけれど。しかし、好意的な反応があることに励まされて、そこを掘り下げていかなければいけないと考えているのです。それは時間がかかる仕事で、憲法改正のフェーズに間に合わないかもしれないと言う人もいますが、多分私は間に合うと思います。間に合わない場合も、今よく考えていれば、そういう時期になればおのずと議論は急速に沸騰してくるし深まっていく。そのときに、耐えられるだけのものを自分が持っているのかが、また問われてくるのです。そういう意味では、私の年代で言えば、老人の自己満足ではいけないとつくづく思うし、私は講演の中でも、参加者にはお年寄りが多いので、あえてそういう言葉でお話をしているんです。特に世界のことをちゃんと認識して、そして戦争とは何か平和がなぜ大切かということを、その仕組みを知った上で、自分の言葉で語るような突き詰めた自己研鑽がもう一度必要なのではないかというのが、トータルとして言えば、私なりの総括的な結論ということになります。

封建社会の意識から脱していない部分を克服する

伊藤　私は護憲派の皆さんや学生に話をする機会が多いですが、その際、頭の隅に常にあるのは、話を聞いている年配者や大人たちの中にも、まだ以前の封建社会の意識から脱していない部分があるのではないかということです。九条が大切で戦争は良くないと言いながら、支配従属の関係を暗黙のうちに前提にしている場面が見受けられます。例えば、会社員の方は会社の中で上司に従属していたり、上司が部下に対して横柄な態度をとっていることがあるのではないでしょうか。また、政党内部の紛争についても、内部・外部からの批判的な意見を聞こうとしないとしたら、それは異質な他者との共存をめざす憲法の理念とは相容れません。

家庭においても、子どもを主体としてではなく、保護の対象として見てしまう例が多いと思います。学校の先生方も、子どもたちに平和が大切だと教えながら、教師としての権力を振り回すことがあるのではないでしょうか。成績や内申をつける場面や、運動会で軍隊的な行進を強制することなどの、軍事教練のようなやり方に何の反省もなく従っていることがある。もし学校の先生がそうしたことを子どもに強制しながら、一方で憲法は大切だ教えているとしたら、それは完全に矛盾しています。支配従属関係の中に身を置きながら、対等な立場で話し合いが必要だと言っても、それは綺麗ごとにしか聞こえないご都合主義と受け取られ、子どもたちには正しく伝わらないでしょう。

「女子ども」という言葉が今でも使われるのは、女性や子どもを一人前として扱っていないことを示しています。まるで何かの対象として扱っている。これは、名君に支配されている封建社会や戦前の臣民と何も変わりません。子どもを保護の客体として見るのではなく、自分の人生を生きる主体として尊重する。こうした点への反省や振り返りが大切だと感じます。

私は九条の根底には、力で物事を解決しないという考えがあると思っています。力による解決は一見効率的に見えても一時的なものにすぎず、憎しみや報復の連鎖を生む新たな原因を作ってしまう。それは永続的な真の解決とはほど遠いものです。確かに無駄にみえて時間もかかりますが、忍耐強く、無駄を承知で、徹底的に話し合うことが九条の本質です。そして、普段の生活の中で自分自身がそれを実践できているかどうかを問い直してみる必要がありそうです。できていない場合でも、できるようになりたいと意識することが重要なのではないでしょうか。自分が所属する組織や家庭が支配従属の関係ではなく、誰もが対等な主体であることが初めて「民主」を成り立たせるのです。治者と被治者を分けるのではなく、被治者も自己統治や自己管理の側に回り、自らを統治していくことが民主主義の根本だと思います。

「アルパカとかけて、憲法九条と説く」

伊藤　これは自己決定ということでもあります。沖縄の問題もそうですが、中央に支配され従属させる関係を何も不思議に思わない人たちがいます。台湾や香港についても同様です。自分たちのことは自分たちで決定するというのが民主主義の根本です。民族自決につながるような民主主義の本質、自己決定権という人権が政治に現れたのが民主主義なのです。ですから、普段からそうした生き方を自分がしているのかを問い直さなければ、九条の平和をどんなに叫んでも絵空事のように感じてしまいます。

支配従属とは結局、人間を道具として扱う世界です。会社が金儲けの道具として社員を扱うのと同じように、場合によっては国が戦争で人の命を道具として扱ってしまうことになります。天皇のために命を差し出すことを厭わないという考えにもつながりかねません。それは人間の尊厳を打ち砕くことです。人間の尊厳というのは難しい言葉ですが、簡単に言えば人間を道具や手段として使わないことだと考えています。封建的な支配従属の発想から抜け出し、誰もが対等な主体であると自覚できることが、一三条の根本なのです。

若い人たちに話をするときには、こうした大きな話とともに、環境問題やLGBTQ+などの性の多様性の問題をあげて、若い世代が関心を持つ問題に引きつけながら話すことにも注意を払っています。一人ひとりが違っていても良いのであり、違うからこそ話し合っていかないと理解できないこともたくさんあるということです。そうした視点から少しずつ九条に関連づけていくアプローチを工夫する必要があります。

最近、私が好んで話している話題があります。それはアルパカという、カシミヤよりも良い毛が取れるラクダ科の動物の話です。若い世代にこの動物が人気で、取り上げると反応が良いので、「アルパカとかけて、憲法九条と説く」というなぞかけをします。「その心は」、「専守防衛」。アルパカは争いを好まない穏やかな性格を持っているそうです。上の歯がなく、いつも口をもぐもぐさせていますが、知的で分別のある動物です。攻撃されたときには臭い唾を吐くことがありますが、自分から牙で襲いかかることはありません。そういう意味では、他の動物と仲良くしやすい性格で、結果としてアンデスの山で生き残っています。この話を通じて、日本の憲法九条に基づく安全保障は、まさにアルパカの生き方のようではないかと伝えると、意外性があるのか若い人たちが興味を持ってくれます。お笑い、歌、マンガ、ダンスなどあらゆる表現媒体を効果的に使って自由や平和を感じてもらいたいです。

大人の責任について言うと、もっと若い子たちに生の体験をさせてあげたい。特に若いころに異文化に触れる体験は重要だと思っています。教育改革に真剣に取り組み、日本の子どもたちが全員、中学生の間の一年間ぐらいは外国へ留学できる仕組みを創れたら最高です。少子化も進むのですから、それぐらいの予算は防衛費を調整して捻出できないでしょうか。税金をもっと教育に使うべきです。ネットやバーチャルの世界だけでなく、世界に出てみることで素晴らしい体験ができる。それが将来、新しい産業や技術を生む芽になるかもしれません。多様な経験によって視野を広げ、異質な他者と共存することの価値を身をもって体験してもらうことは、必ずこの国の安全保障にもつながるはずです。

面倒くさいことは嫌いだという若者もいるかもしれません。それでも可能な限り、年配者が若い世代を引っ張り出して面倒なことに付き合わせることが大切ではないでしょうか。

冷戦下の九条、アメリカ庇護下の九条に止まっていてはいけない

中野　世界的に言うと新しい国際主義、国際協調主義の伝統というものを、もう一回作り直さなければいけない局面に来ていると思います。様々な世代の日本人に一つ共通しているのは、内閣府の外交に関する調査で毎年出ていることですが、日本ほどアメリカのことを知らない割にはアメリカが大好

き と思っている国民はいないということです。これは知識をもう少し深めたり、アップデートする必要がある問題です。ジョージ・W・ブッシュが大統領になってイラク戦争になろうと、大統領がトランプになろうと、九〇%ぐらいの人がアメリカに親しみを持っているというのは、あまりにも何も知らなさすぎることの反映です。学生を見ても同じで、アメリカから来る留学生の方が日本人学生よりも反米的というか、米国の世界戦略に対して批判的な気持ちを持っているから、二重基準だったりすることについても、これでは世界の信用を失うと心配しているのに、日本の子はそういうことは知らないし、興味もないというのは、いくら何でもお粗末すぎませんかと感じます。

その上で、年齢が高い人であればあるほど、どうしても冷戦期の中での護憲や九条の認識に止まったり、あるいはアメリカの庇護下の九条に止まっている部分がある。そういう意味では、世界がグローバル化し、違ったタイプの戦争が起きるようになったり、違ったタイプの危機が――例えば地球温暖化もそうですけれども――起きている中で、日本の国際社会の中での役割がどこにあるのかについて、やはり知識をアップデートする必要があると思います。また、年配の方は歴史を知っている面もあるのですが、一方で近隣諸国、中国や韓国についての意識がアップデートできていない現実もあります。逆に、場合によっては若い人の方が、歴史の知識がないのは残念なのだけれども、中国や韓国の人とは対等につきあったり、あるいは文化についても憧れを持っていたりしていて、経済的な力も科学技術もそうですけれども、もっとフラットな指向性があったりします。ただ全体としては、日本が内向きになっていたり、貧すれば鈍するだったりするところがあるので、それを変えていくためにも、伊藤さんがおっしゃったように、若い子にはやっぱりもっと外に行ってもらいたいと思います。

知識のアップデートの話では、たまに護憲系、リベラル左派の人たちの言説でがっかりすることがあります。例えば、他国に配るODAのお金があるのだったら日本にもっと配るべきだと言う人もいます。もちろん、日本の中で貧富の格差の問題を解決しないといけないのですが、これは日本で配るのか海外に配るのかの話ではなく、日本は今でも実は圧倒的に豊かな国なのです。だから、今のODAの形について批判するのは当然ですが、額を減らすなとか出すなという話は、憲法の精神からしても全然ダメだと思います。

知識をアップデートしないと戦争に抵抗する力が生まれない

中野　先ほどから出ているリベラル正戦論に関連し、台湾有事は日本有事なのかという問題では、久道さんもおっしゃっているように、台湾が攻められても日本は何もしないのかと言われるとどうすればいいだろうということになりがちです。しかし、歴史を知っていれば、先ほど柳澤さんがおっしゃったように、日本がかつて台湾を支配していた事実があるので、その台湾における有事が日本有事だと日本の政府が平気で言うようになると、中国側からそれがどう見えるのかということになって、それが安全保障環境をかえって悪化させることが分かるのです。歴史的な知識がなかったりすると、日本が自由と民主主義を守る正義の味方になれるのだという言説が、額面通りにアジア諸国に受け入れられると信じ込んでしまう面があります。

憲法九条もそうだし憲法全体もそうだと思うのですが、それらは国民にとってのツールなのです。我々がより等しく自由になって、幸福追求ができるようにするために、非常に有用なものだと思うのです。しかし、そこだけに頼っていて大丈夫という時代ではなくなっている。つまり、憲法や議会が次々と無視され、突破されている形になって、民主主義自体も危なくなっている状況があるので、主権者意識を持ち、その主権者意識を共有できるようになり、社会の内実を作り直さなければならない局面です。そういう状況が日本だけではなくて世界的に起きている。バイデン政権下でアメリカとイギリスがイエメンのフーシ派を二日連続でミサイル攻撃した時も議会を通さないでやったとのことです。アメリカの大統領の戦争権限が憲法に書かれているかは微妙なところもあるのかもしれないけれども、しかし、議会との協議はまったくやられていない。イギリスでも、議会を通さずに勝手にやっている。世界的な流れとして、一部の人たちのための戦争がくり返されていくことになっていて、そうすると国民が国のために戦うという社会契約にすらなっていない。一方、ドローンに頼ったり、空爆はするけれども地上軍を派遣するほどのコミットはしないようになっているのも、また事実だと思います。ウクライナについても、武器とお金は出すけれども、もちろん参戦はしない。しない方がいいわけですけど、そういうことにはならない。

そういう流れの中で、台湾有事みたいなことになったら、間違いなく同じような話というか、あるいはもっと冷淡な話になることは間違いない。煽るだけ煽ってその先どうなるのかというと、戦場になるのは台湾であり、日本であるということになる。だから、国際社会の中で内政面においても外交面においても、あるいは安全保障においても、どういう変化が今起きてきているのか、どういう形の戦争が行われるようになっているのかについて、知識をアップデートしなければならない。そうでないと、戦争を止めるためのツールというものがすごく弱くなってきているので、抵抗する力が生まれてこない。そこを私は非常に心配しているし、意識を高めなければいけないと思っているのです。

九条を使えるようにするために

中野　個人的な記憶としてすごく印象に残っているのが、大学生の頃、湾岸戦争のあとですが、久しぶりにロシアの上空を飛べるヨーロッパ行きの直行便が回復して、イギリスやフランスに旅行に行った時のことです。パリに行ったときに、日曜日でお店はどれも閉まっているので、みんな何となく散歩していて、私もプラプラ散歩していたら、ポンピドゥーセンターの前に人だかりがいくつかできていて、何をしているのだろうと思って行ったら、パリだからいろいろなバックグラウンドの人がいて、黒人の人もいればアラブの人もいるのですが、みんなで喧々諤々と湾岸戦争について議論をしているのです。そういう様子があっちこっちで見られて、なるほどこういう国はフランス革命が起きるなと思ったことがありました。ただそういうような国柄であっても、実際には今はデモが弾圧されるとか、あるいは勝手に戦争してしまうとか、国際法も憲法もかなり無視する政治が行われるようになっています。そんな中でポピュリストが煽って排外主義感情が強まってきてはいます。

しかしいずれにせよ、我々にも直接跳ね返ってくることなので、G7の仲間だから大丈夫だとか、アメリカについていれば安心だとか、言われる通りにやれば大丈夫みたいな発想というのは、およそ成り立たない。だから、九条は大事だとは思いますし、使えるようにしなければいけないし、できるだけ満額回答できるように理想を持ち続けることは大事だと思うんですが、同時にそこに至る道のりを探りながら、その中でも一筋の道を見つけていくということを、社会全体として、対話をしながらやっていかなければいけないと思っています。

柳澤　ありがとうございました。いや本当に根っこに据えなければならないのは、今こういう世界であるが故に、九条を守れという言葉にどこまで含めるかは別として、とにかく何とか戦争をしてはいけない、あるいは何とか戦争を止めなければいけないという、その問題なのです。それが一番の根っこでありベースであるはずなのです。それを実現するためにどういうやり方でやっていくかという、そんな議論というか思想が今一番求められていると思うのです。そういう意味では、九条を守れという言葉だけにこだわるのではなくて、まさに戦争をどう止めるか、戦争をどう避けるかという、そこを貫いていけば、実はもっと広いコンセンサスが得られるはずだと思います。長時間ありがとうございました。

あとがき

伊藤 真

日頃から懇意にさせていただいている柳澤協二さん、中野晃一さんとの鼎談だけあって、改めて多くの学びを得ることができました。お二人と憲法十三条や愛という共通の価値まで遡ることができ、日頃から個人の尊重を説いて回り、憲法ほど愛に満ちた法はないと思っている私としては、とても嬉しく刺激的な時間を過ごすことができました。このような企画を提供していただいた松竹伸幸さんにも心から感謝いたします。

戦争には動機があって人間が始めるものです。だからこそ、人間の力でこれを始めさせないことができるはずです。しかし、人間自体が不完全な生き物ですから、戦争をしないようにするための方法は単純ではなく、困難を極めます。だからといって、考えることを止めて　安易な武力行使を容認したり、過度な抑止力に依存した安全保障政策に頼るのではなく、どこまでも武力によらない共存の道を探っていく忍耐力が私たち自身に求められていると感じます。

昨今のタイパ、コスパという言葉のとおり、無駄を省き効率的に行動することはもちろん重要なことです。しかし、効率性だけでは測れない価値があることを憲法は人権という概念で教えてくれています。時間がかかり迂遠に見えるけれども、結論を急がずに考え続けること自体に意味があることを若者には知ってほしいと思うのです。

憲法は前文で、日本中に自由と人権をもたらすため、そして二度と政府に戦争をさせないために憲法を制定したと謳っています。しかも、八〇年前の戦禍を免れ生き延びることができた自分たち、すなわち「われら」のためだけでなく、「われらの子孫」のためだと言っているのです。今を生きる私たちも、世代間ギャップなどと言っていないで、私たちの子孫のために、平和のために今できる努力を地道に続けていくことが重要だと考えます。そして願わくば、戦争とは別の道を探り続けながら、われらの子孫のみならず、世界中の子どもたちが「ひとしく恐怖と欠乏から免れ、平和のうちに生存する権利」（憲法前文）を全うできるように努力を続けたいものです。

最後に、チェ・ゲバラの愛と覚悟に満ちた言葉を改めて私自身の心に刻むために紹介します。

ただ一人の人間の命は、
この地球上で一番豊かな人間の全財産よりも
一〇〇万倍も価値がある。

もし私たちが空想家のようだといわれるならば、
救いがたい理想主義者だといわれるならば、
できもしないことを考えているといわれるならば、
何千回でも答えよう
「その通りだ」と

索引および索引に関わる出典（＊）

P.2,310-14,22-23 26-27,29-33,35, 40,42-44,70-73, 77-83,90,98,101, 105-106,110-111, 163-167,171-172, 174-175,181,183, 188-189,197,202	世代 ＊ ティム・インゴルド著、奥野 克巳翻訳『世代とは何か』 ＊ 柳田國男著『木綿以前の事』『昔風と当世風』（岩波文庫） （「世代論」の引用：「英国のセイス老教授」＝アーチボルド・ヘンリー・セイス（Archibald Henry Sayce, 1845-1933言語学者・エジプト学者・古代オリエント研究者）によるエジプト王朝の古典から、加えて、『古今集』紀貫之執筆「仮名序」から）
P.40-41,124-125, 127	共通の人間性（common humanity コモンヒューマニティー） ＊ 第 74 回国連総会でのアントオ・グテーレス国連事務総長演説 （ニューヨーク、2019 年 9 月 24 日） https://www.unic.or.jp/news_press/messages_speeches/sg/34968/
P.23,40,42,44, 64,85,88-89,100, 103,107,109-110, 115,119,121-122,127, 129,133,138	共感力（empathy）（分類としては感情的共感、認知的共感がある） ＊『共感力』（ハーバード・ビジネス・レビュー［EI シリーズ］）
P.41,124-125,133	共通の利益（common wealth コモンウェルス） ＊ マルクス・トゥッリウス・キケロ著『国家論』 ＊ 山本正、細川道久著『コモンウェルスとは何か　ポスト帝国時代のソフトパワー』
	コモン・センス（Common sense）アメリカ合衆国の独立の必要性を説き、合衆国独立への世論を強めさせた ＊ トマス・ペイン著『コモン・センス』
P.155,191	リベラル正戦論 ＊ 福原 正人著『「リベラルな戦争」という構想　ウォルツァー正戦論の批判的検討を通じて』
P.125	人間の安全保障（Human Security） ＊ 安全保障のうちの一つ Human Security, Economic security, Energy ecurity, Food security, Climate Security, PHILOSOPHICAL Security ＊ 外務省ホームページ > 外交政策 > ODA と地球規模の課題 > ODA（政府開発援助）> SDGs・分野別の取組 ＊ 阪本拓人、キハラハント愛編『人間の安全保障　東大駒場 15 講』
P.38-39,126, 142,144	共通の安全保障（Common security） ＊『共通の安全保障　核軍縮への道標』（1982）
P.15	PKO　＊ https://ddnavi.com/article/d453928/a/
P.1-2,138	国連憲章
P.54	マグナカルタ ＊ 君塚直隆著『物語 イギリスの歴史（上）古代ブリテン島からエリザベス1世まで』（中公新書） ＊ 城戸毅著『歴史学選書 1　マグナ・カルタの世紀　中世イギリスの政治と国制　1199-1307』
P.138,181	異質な他者 ＊ジョルジュ・バタイユ、ジャック・デリダ、ミシェル・フーコー ＊山口恭平、田口賢太郎、松本郁恵、関根宏朗『「異質な他者」との共生に向けて』 東京大学大学院教育学研究科紀要（51）
P.21,143,157	グローバルサウス ＊ 近藤 正規『インド　グローバル・サウスの超大国（中公新書 2770）』
P.134	ボーダーがないケアの共同体 ＊松村圭一郎、中川理、石井美保編『文化人類学の思考法』　12 ケアと共同性―個人主義を超えて（松嶋健）
P.66	アメリカ独立宣言　ジェファーソン ＊『大統領から読むアメリカ史』 ＊『アメリカ史：世界史の中で考える（放送大学教材 3072）』
P.190	フランス革命 ＊ルネ・セディヨ著、山﨑 耕一訳『文庫 フランス革命の代償（草思社文庫 セ 3-1）』
P.143,160	ジェノサイド ＊国際連合ホームページ > ニュース・プレス > 特集／背景資料 > ジェノサイド条約とは？
P.15-16,28,35, 101-103,103,134, 149,190	イラク戦争
P.54-55	十七条憲法 ＊『群書類従』巻第四百七十四　＊文化遺産オンライン https://bunka.nii.ac.jp/ ＊ 国会図書館デジタルコレクション https://dl.ndl.go.jp/　＊日本書紀
P.158	無私 ＊ 磯田道史著『無私の日本人』「國恩記」
	教養 ＊本村 凌二著『教養としての「世界史」の読み方』（PHP 研究所） ＊山下範久編著『教養としての世界史の学び方』（東洋経済新報社）

日本国憲法　前文

日本国民は、正当に選挙された国会における代表者を通じて行動し、われらとわれらの子孫のために、諸国民との協和による成果と、わが国全土にわたつて自由のもたらす恵沢を確保し、政府の行為によつて再び戦争の惨禍が起ることのないやうにすることを決意し、ここに主権が国民に存することを宣言し、この憲法を確定する。そもそも国政は、国民の厳粛な信託によるものであつて、その権威は国民に由来し、その権力は国民の代表者がこれを行使し、その福利は国民がこれを享受する。これは人類普遍の原理であり、この憲法は、かかる原理に基くものである。われらは、これに反する一切の憲法、法令及び詔勅を排除する。

日本国民は、恒久の平和を念願し、人間相互の関係を支配する崇高な理想を深く自覚するのであつて、平和を愛する諸国民の公正と信義に信頼して、われらの安全と生存を保持しようと決意した。われらは、平和を維持し、専制と隷従、圧迫と偏狭を地上から永遠に除去しようと努めてゐる国際社会において、名誉ある地位を占めたいと思ふ。われらは、全世界の国民が、ひとしく恐怖と欠乏から免かれ、平和のうちに生存する権利を有することを確認する。

われらは、いづれの国家も、自国のことのみに専念して他国を無視してはならないのであつて、政治道徳の法則は、普遍的なものであり、この法則に従ふことは、自国の主権を維持し、他国と対等関係に立たうとする各国の責務であると信ずる。

日本国民は、国家の名誉にかけ、全力をあげてこの崇高な理想と目的を達成することを誓ふ。

第二章

〔戦争の放棄と戦力及び交戦権の否認〕

第九条

日本国民は、正義と秩序を基調とする国際平和を誠実に希求し、国権の発動たる戦争と、武力による威嚇又は武力の行使は、国際紛争を解決する手段としては、永久にこれを放棄する。

二　前項の目的を達するため、陸海空軍その他の戦力は、これを保持しない。国の交戦権は、これを認めない。

〔個人の尊重と公共の福祉〕

第十三条

すべて国民は、個人として尊重される。生命、自由及び幸福追求に対する国民の権利については、公共の福祉に反しない限り、立法その他の国政の上で、最大の尊重を必要とする。

The Constitution of Japan
Constitution

November 3, 1946

We, the Japanese people, acting through our duly elected representatives in the National Diet, determined that we shall secure for ourselves and our posterity the fruits of peaceful cooperation with all nations and the blessings of liberty throughout this land, and resolved that never again shall we be visited with the horrors of war through the action of government, do proclaim that sovereign power resides with the people and do firmly establish this Constitution. Government is a sacred trust of the people, the authority for which is derived from the people, the powers of which are exercised by the representatives of the people, and the benefits of which are enjoyed by the people.This is a universal principle of mankind upon which this Constitution is founded.We reject and revoke all constitutions, laws, ordinances, and rescripts in conflict herewith.

We, the Japanese people, desire peace for all time and are deeply conscious of the high ideals controlling human relationship, and we have determined to preserve our security and existence, trusting in the justice and faith of the peace-loving peoples of the world.We desire to occupy an honored place in an international society striving for the preservation of peace, and the banishment of tyranny and slavery, oppression and intolerance for all time from the earth.We recognize that all peoples of the world have the right to live in peace, free from fear and want.

We believe that no nation is responsible to itself alone, but that laws of political morality are universal; and that obedience to such laws is incumbent upon all nations who would sustain their own sovereignty and justify their sovereign relationship with other nations.

We, the Japanese people, pledge our national honor to accomplish these high ideals and purposes with all our resources.

CHAPTER II. RENUNCIATION OF WAR *Article 9.*
Aspiring sincerely to an international peace based on justice and order, the Japanese people forever renounce war as a sovereign right of the nation and the threat or use of force as means of settling international disputes.
❷ In order to accomplish the aim of the preceding paragraph, land, sea, and air forces, as well as other war potential, will never be maintained. The right of belligerency of the state will not be recognized.

Respect for the Individual and Public Welfare *Article 13.*
All of the people shall be respected as individuals.Their right to life, liberty, and the pursuit of happiness shall, to the extent that it does not interfere with the public welfare, be the supreme consideration in legislation and in other governmental affairs.

出典：日本法令外国語訳データベースシステム>日本国憲法
https://www.japaneselawtranslation.go.jp/ja/laws/view/174

国際連合憲章　前文

われら連合国の人民は、
われらの一生のうちに二度まで言語に絶する悲哀を人類に与えた戦争の惨害から将来の世代を救い、
基本的人権と人間の尊厳及び価値と男女及び大小各国の同権とに関する信念をあらためて確認し、
正義と条約その他の国際法の源泉から生ずる義務の尊重とを維持することができる条件を確立し、
一層大きな自由の中で社会的進歩と生活水準の向上とを促進すること、
並びに、このために、
寛容を実行し、且つ、善良な隣人として互に平和に生活し、
国際の平和及び安全を維持するためにわれらの力を合わせ、
共同の利益の場合を除く外は武力を用いないことを原則の受諾と方法の設定によって確保し、
すべての人民の経済的及び社会的発達を促進するために国際機構を用いることを決意して、
これらの目的を達成するために、われらの努力を結集することに決定した。
よって、われらの各自の政府は、サン・フランシスコ市に会合し、全権委任状を示してそれが良好妥当であると認められた代表者を通じて、この国際連合憲章に同意したので、ここに国際連合という国際機関を設ける。

出典：国際連合本部　https://www.un.org/en/about-us/un-charter/full-text

---

大憲章（マグナ=カルタ）　前文

神の恩寵により、イングランドの国王、アイルランドの王、ノルマンディおよびアキテーヌの公、アンジューの伯であるジョンは、諸々の大司教、司教、僧院長、伯、バロン、判官・・・およびすべての代官ならびに忠誠な人民にあいさつを送る。神の御旨を拝察し、朕および朕のすべての先祖ならびに子孫の霊魂の救済のため、神の栄光と神聖なる教会の頌栄のため、かつまた朕の国の改革のために、尊敬すべき諸師父すなわち（人名略）およびその他の朕の中正なる人民の忠言を入れて

出典：世界史の窓>世界史用語解説>授業と学習のヒント>大憲章／マグナ=カルタ>資料
wikipedia >マグナ・カルタ
hugkum >学び>「マグナ・カルタ」は法律とは違うの？ 制定の背景と内容を詳しく知ろう【親子で歴史を学ぶ】 https://hugkum.sho.jp/512382

夏四月丙寅朔《ひのえとらさく》の戊辰《ぼしん》の日に、皇太子、親ら肇めて憲法十七條《いつくしきのりとをあまりななをち》を作《つく》る。

一《ひとつ》に曰《いわ》く、和《やわらぎ》を以《もち》て貴《とうと》しと為《な》し、忤《さか》ふること無《な》きを宗《むね》とせよ。人皆《ひとみな》党《たむら》有《あ》り、また《亦》達《さと》れる者《ひと》は少《すく》なし。或《ある》いは君父《くんぷ》に順《したがわ》ず、乍《また》隣里《りんり》に違《たが》う。然《しか》れども、上和《かみやわら》ぎ下睦《しもむつ》びて、事《こと》を論《あげつら》うに諧《かな》うときは、すなわち事《こ》理《と》おのずから通《つう》ず。何事《なにごと》か成《な》らざらん。

……

(現代語訳)
おたがいの心が和らいで協力することが貴いのであって、むやみに反抗することのないよ

United Nations Charter Charter Preamble *Signed June 26, 1945 (San Francisco)*

We the Peoples of the United Nations Determined
to save succeeding generations from the scourge of war, which twice in our lifetime has brought untold sorrow to mankind, and
to reaffirm faith in fundamental human rights, in the dignity and worth of the human person, in the
equal rights of men and women and of nations large and small, and to establish conditions under which justice and respect for the obligations arising from treaties and other sources of international law can be maintained, and
to promote social progress and better standards of life in larger freedom,
And for these Ends
to practice tolerance and live together in peace with one another as good neighbors, and
to ensure by the acceptance of principles and the institution of methods, that armed force shall
not be used, save in the common interest, and
to employ international machinery for the promotion of the economic and social advancement of all peoples,
Have Resolved to Combine our Efforts to Accomplish these Aims
Accordingly, our respective Governments, through representatives assembled in the city of San Francisco, who have exhibited their full powers found to be in good and due form, have agreed to the present Charter of the United Nations and do hereby establish an international organization to be known as the United Nations.

Magna Carta Libertatum Great Charter of the Liberties (*Memory of the World by UNESCO in 2009*)
Preamble: John, by the grace of God, king of England, lord of Ireland, duke of Normandy and Aquitaine, and count of Anjou, to the archbishop, bishops, abbots, earls, barons, justiciaries, foresters, sheriffs, stewards, servants, and to all his bailiffs and liege subjects, greetings. Know that, having regard to God and for the salvation of our soul, and those of all our ancestors and heirs, and unto the honor of God and the advancement of his holy Church and for the rectifying of our realm, we have granted as underwritten by advice of our venerable fathers, Stephen, archbishop of Canterbury, primate of all England and cardinal of the holy Roman Church, Henry, archbishop of Dublin, William of London, Peter of Winchester, Jocelyn of Bath and Glastonbury, Hugh of Lincoln, Walter of Worcester, William of Coventry, Benedict of Rochester, bishops; of Master Pandulf, subdeacon and member of the household of our lord the Pope, of brother Aymeric (master of the Knights of the Temple in England), and of the illustrious men William Marshal, earl of Pembroke, William, earl of Salisbury, William, earl of Warenne, William, earl of Arundel, Alan of Galloway (constable of Scotland), Waren Fitz Gerold, Peter Fitz Herbert, Hubert De Burgh (seneschal of Poitou), Hugh de Neville, Matthew Fitz Herbert, Thomas Basset, Alan Basset, Philip d'Aubigny, Robert of Roppesley, John Marshal, John Fitz Hugh, and others, our liegemen

---

うにせよ。それが根本的態度でなければならぬ。ところが人にはそれぞれ党派心があり、大局をみとおしているものは少ない。だから主君や父に従わず、あるいは近隣の人びとと争いを起こすようになる。しかしながら、人びとが上も下も和らぎ睦まじく話し合いができるならば、ことがらは道理にかない、何ごとも成しとげられないことはない。……

一部抜粋

『日本書紀』第二十二巻 豊御食炊《とよみけかしき》屋《や》姫《ひめの》天皇《みこと》 推古天皇《すいこてんのう》十二年

出典：wikipedia ＞十七条憲法（原文から。書き下し文、現代語訳）、
コトバンク　デジタル大辞泉

著者略歴

柳澤協二（やなぎさわ　きょうじ）
東京大学法学部卒。防衛庁に入庁し、同運用局長、防衛研究所所長などを経て、2004年から2009年まで内閣官房副長官補（安全保障担当）。現在、自衛隊を活かす:21世紀の憲法と防衛を考える会代表。NPO法人国際地政学研究所理事長、新外交イニシアティブ（ND：NEW DIPLOMACY INITIATIVE）評議員。
著書多数。最新刊は『非戦の安全保障論　ウクライナ戦争以後の日本の戦略』（2022年、集英社新書）

伊藤　真（いとう　まこと）
東京大学法学部卒。1981年、東大法学部在学中に司法試験に合格し受験指導を開始。同時に法律事務所に入所、弁護士業務も行う。現在、法律資格受験指導校伊藤塾塾長、弁護士、法学館憲法研究所所長。
著書多数。最新刊は『考える練習』（2025年、サンマーク出版）

中野晃一（なかの　こういち）
東京大学文学部哲学科、オックスフォード大学トリニティ・カレッジ哲学・政治学科卒業。
上智大学国際教養学部教授、元学部長。プリンストン大学でPh.D（政治学）を取得。ハーバード大学ウェザーヘッド日米関係プログラム客員研究員（2024-2025年）。専門は比較政治学、日本政治、政治思想。
著書多数。最新刊は『ざっくりわかる8コマ　日本の政治』（絵：うかうか、2024年、朝日新聞出版）

久道瑛未（ひさみち　えみ）
東北大学法学部卒。弁護士、SEALDs《シールズ》 TOHOKU《トウホク》の元メンバー。

元山仁士郎（もとやま　じんしろう）
国際基督教大学教養学部卒、一橋大学大学院社会学研究科修士課程、新外交イニシアティブ（ND）スタッフ、SEALDs《シールズ》、SEALDs《シールズ》 RYUKYU《リュウキュウ》設立に関わる。一般社団法人 INIT《イニット》国民発議プロジェクト（https://init-jp.info/）共同代表。

9条論に依存しない9条論

13条論で世代間ギャップを乗り越える

2025年5月3日　　第1刷発行

著　者　柳澤協二、伊藤 真、中野晃一
発行者　田村太郎
発行所　株式会社かもがわ出版
〒602-8119　京都市上京区堀川通出水西入
TEL 075-432-2868　FAX075-432-2869
振替 01010-5-12436
ホームページ http://www.kamogawa.co.jp
印刷所　シナノ書籍印刷株式会社

ISBN978-4-7803-1371-0 C0031